CB059870

A Palavra do Silêncio

MICHEL MAFFESOLI

A Palavra do Silêncio

TRADUÇÃO
Edgard de Assis Carvalho
Mariza Perassi Bosco

Palas Athena

Título original: *La parole du silence*
Copyright © 2016 Les Éditions du Cerf

Grafia segundo o Acordo Ortográfico da Língua Portuguesa de 1990, que entrou em vigor no Brasil em 2009.

COORDENAÇÃO EDITORIAL: Lia Diskin
REVISÃO TÉCNICA: Tônia Van Acker
REVISÃO: Lidia La Marck e Rejane Moura
CAPA, PROJETO GRÁFICO, PRODUÇÃO E DIAGRAMAÇÃO: Jonas Gonçalves

Dados Internacionais de Catalogação na Publicação (CIP)
(Câmara Brasileira do Livro, SP, Brasil)

Maffesoli, Michel
A palavra do silêncio / Michel Maffesoli; tradução Edgard de Assis Carvalho, Mariza Perassi Bosco. – São Paulo : Palas Athena, 2019.

Título original: La parole du silence
ISBN 978-85-60804-44-3

1. Filosofia – Aspectos religiosos 2. Religiosidade 3. Silêncio – Aspectos religiosos 4. Teoria (Filosofia) I. Carvalho, Edgard de Assis. II. Bosco, Mariza Perassi. III. Título.

19-29001   CDD-210

Índices para catálogo sistemático:

1. Filosofia e teoria da religião   210
Iolanda Rodrigues Biode – Bibliotecária – CRB-8/10014

1ª edição, setembro de 2019
Todos os direitos reservados e protegidos pela Lei 9610 de 19 de fevereiro de 1998.

É proibida a reprodução total ou parcial, por quaisquer meios, sem a autorização prévia, por escrito, da Editora. Direitos adquiridos para a língua portuguesa por Palas Athena Editora.

Alameda Lorena, 355 – Jardim Paulista
01424-001 – São Paulo, SP – Brasil
Fone (11) 3050-6188
www.palasathena.org.br
editora@palasathena.org.br

Para minha filha,
Gabrielle Maffesoli

SUMÁRIO

INTRODUÇÃO *13*

I. A LEI DO SILÊNCIO *21*

II. O IRREVELADO OU A IGREJA INVISÍVEL *51*

III. A PALAVRA AUTÊNTICA *73*

IV. O INEFÁVEL E O RITUAL *81*

V. O MISTÉRIO COMUNITÁRIO *93*

*Pois a palavra de Deus é viva e eficaz,
é mais afiada que qualquer espada
de dois gumes; Ela penetra até o ponto
de dividir alma e espírito.*

São Paulo
(Carta aos Hebreus 4:12)

INTRODUÇÃO

O amor só tem uma palavra.

São Bernardo

Fazer morrer as palavras em um silêncio sublime! Essa frase é tão verdadeira que para dizer as coisas essenciais não é necessário "acrescentar nada a elas"! Basta uma única palavra. Isso desde que ela seja radicada em uma palavra fundadora. A partir do sentido mais próximo de sua etimologia [*radicare* em latim], que se refere à palavra grega *emphuein* ("fazer crescer"), lembremos que é tendo raízes no que é substancial que algo pode crescer como merece. Quando se esquece desse tipo de enraizamento, prevalecem as nulidades verbais, os sarcasmos, os artifícios medíocres que conduzem diretamente à banalização da blasfêmia.

Diz a tradição, por seu saber incorporado, que é preciso ser econômico no que se diz. A sabedoria popular afirma que *nem sempre é bom falar toda a verdade*. Ou seja, convém evitar *falar para não dizer nada*. Frases com sentido semelhante poderiam se multiplicar abundantemente. Elas, porém, não fazem eco à pregação evangélica: "Mas eu lhes digo que, no dia do juízo, os homens haverão de dar conta de toda palavra inútil que tiverem falado" (Mateus 12:36). E não faltam palavras inúteis nestes tempos de desgraça. Por isso, a necessidade urgente de retornar ao essencial. Em todas as tradições religiosas existe um apelo constante à exigência. No catolicismo integral isso acontece no que se convencionou chamar de "conselhos evangélicos", por meio dos quais cada um é convocado a realizar plenamente sua comunhão com Deus. Entretanto, esse ideal de vida – pobreza, castidade, obediência espiritual – apenas alguns, os que desejam avançar mais no aperfeiçoamento de seu ser, são capazes de cumprir. O que está em jogo na linguagem "apofática"[1] é exatamente o seguinte: não se deve falar do que é importante a não ser por evitação, e isso com prudência.

Para realizar o ideal de perfeição é preciso levar a sério o Terceiro Mandamento: "Não tomarás o nome do Senhor teu Deus em vão" (Êxodo 20:7).

A fim de ilustrar essa injunção, e até mesmo justificá--la – voltaremos a ela várias vezes –, podemos citar a bela cena bíblica que descreve o encontro de Elias com Deus, em Horebe (1 Reis 19:11-12). O profeta Elias encontra-se em

---

1. A linguagem apofática, ou apofântica, é originária da lógica aristotélica. Pressupõe a existência de uma verdade passível de ser traduzida em linguagem matemática. A identificação do logos à apofática esquece o enraizamento do ser humano no mundo, tema de extrema importância na filosofia contemporânea. Ao empenhar-se na construção de sistemas perfeitos e acabados com respostas definitivas acerca do mundo, esse tipo de filosofia não levou em conta o fato de que o homem é, por essência, um ser inacabado, instável, aberto, dialogante. [N.Ts.]

INTRODUÇÃO

uma caverna na montanha. "Então veio um vento fortíssimo que separou os montes e esmigalhou as rochas diante do Senhor, mas o Senhor não estava no vento. Depois do vento veio um terremoto, mas o Senhor não estava no terremoto. Depois do terremoto houve um fogo, mas o Senhor não estava nele. E depois do fogo houve o murmúrio de uma brisa suave."[2] A voz de Deus se fez ouvir. Quando Elias a ouviu, em sinal de respeito, puxou a capa para cobrir o rosto e pôde conhecer a mensagem divina.

Uma bela parábola que expressa muito bem a necessidade da *discretio*. O discernimento discreto, até mesmo secreto, componente essencial tanto da tradição primordial quanto da sabedoria popular; que são uma coisa só. Não se deve ter medo das palavras: em qualquer área existe uma dialogia entre esoterismo e exoterismo. Sem sombra de dúvida, esse vai e vem fecundante está igualmente presente no acontecimento do sacral. Minha intenção com esse neologismo é designar a difusão do divino na vida cotidiana, e a efusão de entusiasmo que ele provoca em algumas almas mais elevadas.

Esse tipo de relacionamento constitui o próprio fundamento da *philosophia occulta*, e, implícita ou explicitamente, constitui o elemento central da sensibilidade mística, presente nas obras habitualmente classificadas como tal, bem como na religiosidade popular: culto dos

---

2. Todas as referências bíblicas neste livro foram cotejadas com a recente tradução da Bíblia Sagrada da edição brasileira: *Bíblia Sagrada*. Nova versão internacional. Editor Omar de Souza; comissão internacional de tradutores. Rio de Janeiro: Thomas Nelson/Vila Melhor Editora, Rio de Janeiro, 2018. [N.Ts.]

santos, peregrinações, devoções cotidianas e diversas preces jaculatórias. Práticas que expressam muito bem o fervor ardente, mas conciso, do impulso em direção a Deus.

A concisão, que fique bem claro, é um *modus operandi* para relativizar a pretensão racionalista. Uma forma de colocá-la em seu devido lugar, de regulá-la, e, com isso, canalizar a irrupção do numinoso que, segundo Rudolf Otto[3], é o sentimento da presença divina. Sentimento ao mesmo tempo fascinante (*fascinans*) e terrificante (*tremendum*).[4] Essa experiência afetiva pode ser vivida de maneira paroxística – os místicos *stricto sensu* – ou mais atenuada na vida cotidiana do "homem sem qualidade".

Em todos os casos, trata-se de evidenciar, assim como fez São Dionísio, o Areopagita, a fecundidade dessas *palavras da noite* e de prestar atenção nessa *sombra sagrada*, a partir da qual se modelou também a natureza humana. Ernest Hello[5], autor considerado mais ou menos mítico, em seu *Tratado de nomes divinos*, o designou como "Doutor da negação transcendente"!

Uma coisa é certa, a abordagem do mistério é feita de maneira mais efusiva do que discursiva. Desse ponto de vista, é interessante relembrar a proximidade semântica que existe entre "mistério", "mito", "mudez". Aqueles

---

3. Rudolf Otto (1869-1937). Teólogo protestante, especialista em religiões comparadas. [N.Ts.]
4. Ver R. Otto, *Le Sacré* (1917). Paris: Payot, 1949. [*O Sagrado*. Petrópolis: Vozes, 2017.] Ver também E. Hello, *Physionomies de Saints*. Paris: Librarie Académique Perrin, 1927, p. 335.
5. Ernest Hello (1828-1885). Filósofo, ensaísta, crítico literário. Um dos expoentes do pensamento católico do século XIX. [N.Ts.]

INTRODUÇÃO

que, iniciados nos mistérios, compartilhando mitos, ficam mudos diante dos profanos que não têm acesso a tal tesouro oculto. Foi o que constatou Durkheim ao relembrar que essas "coisas que os interditos protegem e isolam"[6] são sagradas. Trata-se aqui de um arquétipo, o das formas simbólicas inatas constitutivas do inconsciente coletivo.

No decurso da modernidade, porém, de acordo com as circunstâncias, esse inconsciente foi marginalizado, renegado ou estigmatizado. Ele foi, no mínimo, forçado a falar. Como bem analisou Max Weber, o "desencantamento do mundo", relacionado à Reforma Protestante, fundamenta-se na racionalização generalizada da existência: tudo deve ter suas razões, tudo é submetido à razão.

Em consequência disso, o "serviço do povo", a liturgia (*leiturgia*), de caráter mágico e, em todo caso, afetivo, foi substituído pelo serviço da palavra, o dos que sabiam discursar. De fato, a *sola scriptura*, princípio essencial da conduta protestante, colocou em segundo plano os rituais não verbais, causa e efeito da fé comum.

Com a ironia e a sutileza que sempre o caracterizaram, André Gide[7] constatou: "Os dois termos, católico e cristão, não são sempre sinônimos"[8]. Sem entrar, por falta de com-

---

6. E. Durkheim, *Les Formes élémentaires de la vie religieuse* (1912). Paris: CNRS Éditions, 2008. [*As formas elementares da vida religiosa*. Tradução de Paulo Neves. São Paulo: Martins Fontes, 1989.]
7. André Gide (1869-1951). Prêmio Nobel de Literatura de 1947. Oriundo da alta burguesia, fundador da editora Gallimard e da prestigiosa *Nouvelle Revue Française*. Homossexual assumido, foi autor de vários romances, dentre os quais se destacam: *Corydon, O imoralista, A sinfonia pastoral, Os moedeiros falsos*. Todos esses títulos traduzidos para o português. [N.Ts.]
8. A. Gide, J. Rivière, *Correspondance (1909-1925)*. Paris: Gallimard, 1998, p. 578.

petência, em um debate teológico, é possível reconhecer, por meio de seu culto à Virgem Maria, a importância que o catolicismo confere às figuras emblemáticas representadas pelos santos, ao aspecto quase mágico atribuído aos sacramentos, eficazes por si próprios – *ex opere operato* – e que acentuam o aspecto místico dessa tradição. Em seus rituais o corpo tem seu lugar, o que fortalece esse corpo eclesial constituído pela comunidade dos fiéis. Enfim, a razão só é legítima se for sensível.

É exatamente isso que se deve buscar. A abordagem, talvez valesse mais a pena dizer a sensibilidade apofática, vai privilegiar o silêncio, alinhar-se com o irrevelável, a exigência de vocábulos verdadeiros derivados da palavra autêntica "*In principio erat verbum... et Deus erat Verbum*" (João 1:1). É nesse fundamento que se pode compreender a eficácia própria dos rituais e justificar seu caráter político, ou seja, os rituais são o cimento que assegura toda forma do estar junto.

Amigo leitor, são essas as diversas etapas que proponho para o caminho da reflexão que começa aqui. Existem coisas que se sabem por doutrina infusa e não adquirida. O que reconduz o mistério ao lugar que lhe cabe. A atualidade nos dá muitos exemplos nesse sentido. Retornar ao essencial da religião, a essa ligação que une ao Outro e aos outros, é rejeitar esse monte de palavras, mais ou menos racionalistas, com as quais se ofuscou a forma primordial do sacral. De fato, esse excesso de palavras constitui uma degradação da forma formante – aquela que une à alteridade. De tanto falar, esquecemo-nos do que Heidegger denominava lindamente "a grandiosidade simples do divino"[9]. Não sem prudência, é essa grandiosidade que precisamos buscar, a fim de perceber justamente o fluxo das experiências vividas!

---

9. M. Heidegger, *"Ma chère petite âme"*: *Lettres à sa femme Elfride – 1915-1970*. (2005). Paris: Seuil, 2007, p. 108 (carta de 21 de julho de 1918).

A LEI DO SILÊNCIO

*Que se calem todos os eruditos:
que todas as criaturas permaneçam em
silêncio diante de Vós; falai-me somente Vós.*

Thomas A. Kempis, *A Imitação de Cristo*

Existem momentos em que as ideias estacionárias tendem a prevalecer. Isso talvez aconteça quando a organicidade das coisas cede lugar à abstração, quando a razão sensível se transforma em racionalismo abstrato. Isso acontece quando não se sabe mais perceber a inefável fecundidade própria da *lei do silêncio*.

De fato, a inteligência é apenas um minúsculo elemento que permanece vivo na superfície de nós mesmos, e as construções intelectuais que ela produz, por mais necessárias que sejam, são insuficientes. Buscar no silêncio, buscar o silêncio leva a uma força do pensamento cujo dinamismo irrepressível reconhecemos em todas as esferas.

Como já indiquei anteriormente, é preciso retornar à experiência mística fundadora do profeta Elias:

O Senhor lhe disse: "Saia e fique no monte, na presença do Senhor, pois Ele vai passar". Então veio um vento fortíssimo, que separou os montes e esmigalhou as rochas diante do Senhor, mas o Senhor não estava no vento. Depois do vento houve um terremoto, mas o Senhor não estava no terremoto. Depois do terremoto, houve um fogo, mas o Senhor não estava nele. E depois do fogo houve o murmúrio de uma brisa suave. (1 Reis 19:11-12).

A brisa leve da teofania do Monte Horebe, que se opõe ao terremoto, ao vendaval, ao fogo, é uma boa metáfora das diferentes polaridades constituídas pela dominação do *poder* e pelo dinamismo da *potência*. A primeira é a expressão da rigidez do instituído, a segunda expressa a força do instituinte. À retórica sonora das palavras encantatórias, responde em surdina o baixo contínuo[1] de uma palavra fundadora.[2]

Essa oposição pode ser encontrada em inúmeras áreas. Eu a resumiria, como propõe Vilfredo Pareto[3], na distinção entre os "resíduos" subterrâneos, mas irrefutáveis, e as "derivações", que são as concepções simultaneamente superficiais e variáveis. Mesmo se na maior parte do tempo sejam essas concepções as que prevalecem ou, no mínimo, que

---
1. Sistema de notação musical que implica a presença de um ou mais instrumentistas cuja *performance* envolve a improvisação de linhas melódicas. [N.Ts.]
2. Ver M. Maffesoli, *La violence totalitaire* (1979), capítulo 1: "Pouvoir--Puissance"; *Après la modernité*. Paris: CNRS Éditions, 2010, p. 295 e ss. [*A violência totalitária: ensaio de antropologia política*. Tradução de Nathanael C. Caixeiro. Porto Alegre: Sulina, 2011.] Ver também V. Pareto, *Traité de sociologie générale*. Genève: Droz, 1968, p. 450 e 785.
3. Vilfredo Pareto (1848-1923). Sociólogo e economista. Apesar de suas relações amistosas com Benito Mussolini e de ter sido definido por Karl Popper como "teórico do fascismo", suas reflexões sobre a sociologia das organizações permanecem provocativas nesses tempos globais contemporâneos. [N.Ts.]

constituem o aspecto essencial da *doxa* [opinião] dominante.

Apesar disso, se em uma lógica da dominação a palavra mata, na longa duração o espírito vital assegura uma força expansiva, uma espécie de "tormento da matéria" (Jacob Boehme) que, assim como um lençol freático, sustenta a vida com uma energia eterna. Nesse sentido, o murmúrio da palavra fundadora é uma *centralidade subterrânea* que, para além ou para aquém dos conceitos, ao mesmo tempo tumultuosos e estacionários, assegura a continuidade do Ser em sua perpétua renovação. É esse tipo de *ruído de fundo* da palavra que o profeta Isaías indica quando declara: "Ele [o servo] não gritará nem clamará, nem erguerá a voz nas ruas" (Isaías 42:2).

Não se deve esquecer que o profeta é aquele que "diz diante" (*pro phemi*). E isso incansavelmente. Parafraseando Jacob Boehme, ele é o "tormento" daquilo e daqueles que se enrijeceram. Não é exatamente isso o que relembra o Cardeal Newman na judiciosa distinção que estabelece entre "tradição episcopal" e "tradição profética"? A primeira vigia hierarquicamente de cima: *epi scope*[4], enquanto a segunda é a expressão da intensidade própria do instante eterno. São Paulo (Romanos 8:27)[5] relembra que o profeta representa o "pensamento do Espírito Santo" (*to phronéma*

---

4. O autor emprega *epi* (prefixo grego que significa sobre) e *scope* (escopo, domínio) para referir-se à ampliação da vigilância episcopal, garantia da hierarquia. Derivada do grego *episcopos* e do latim *episcopus*, a tradução literal da palavra é diretor, inspetor, supervisor. No campo religioso designa a autoridade máxima exercida localmente por um bispo. [N.Ts.]

5. Referência integral da Bíblia Sagrada: "E aquele que sonda os corações conhece a intenção do Espírito, porque o Espírito intercede pelos santos de acordo com a vontade de Deus". [N.Ts.]

tou pneumatos). Pensamento que ele qualifica como "Respiração da Igreja"[6].

Expressão feliz que traduz muito bem o fato de que não é necessário teorizar para experimentar a comunhão com a plenitude da deidade. O que em determinadas épocas foi negado e até mesmo combatido. Particularmente em todos os momentos em que predominou o racionalismo. Refiro-me ao racionalismo como sistematização desse parâmetro humano que é a racionalidade. Como nada fica imune quando esse tipo de atmosfera mental tende a prevalecer, o cristianismo também foi contaminado pela dominação do conceitual.

Ao longo de toda sua obra, Friedrich Nietzsche declara de maneira recorrente que "o cristianismo não lhe agrada". Mas o cristianismo em questão, aquele que esse filho de pastor conheceu muito bem, é uma religião loquaz na qual o comentário infindável da Bíblia prevalece sobre a palavra divina. Nas categorias nietzschianas, trata-se de um cristianismo apolíneo, "protestantizado", diria eu, que esqueceu tudo o que incluía o dionisíaco, portanto, o emocional; um catolicismo que na liturgia, por exemplo, quase sempre permanece sem voz. Em todo caso, sem discurso!

Esse cristianismo "protestantizado", que considera o mundo feio e malvado, está na origem do espírito de ressentimento que engendrou um "ódio monstruoso, sinistro, intelectual e maligno"[7]. A liturgia tradicional, por sua vez,

---

6. Ver L. Bouyer, *Newman: Sa vie, sa spiritualité*. Paris: Cerf, 1952, p. 213.
7. Friedrich Nietzsche, *La Généalogie de la morale*. Paris: Gallimard, 2000, I, 7. [*Genealogia da moral*: uma polêmica. Tradução, notas e posfácio de Paulo César de Souza. São Paulo: Companhia das Letras, 2008.]

é muito mais alegre porque, ao celebrar em seu calendário regular o Criador e sua criação, o que é valorizado é o corpo místico à espera do corpo glorioso.

Gostaria de ressaltar aqui a observação do audacioso G. K. Chesterton sobre esse mundo moderno "repleto de virtudes ferozes e caóticas".

> Quando um dispositivo religioso é rompido (como foi o cristianismo durante a Reforma), não apenas os vícios são liberados. Os vícios são de fato liberados e vagam pelo mundo provocando devastação; mas as virtudes também são liberadas e vagueiam mais ferozmente ainda provocando devastações mais terríveis. O mundo moderno está saturado das velhas virtudes cristãs. Elas sucumbiram à insanidade porque foram isoladas umas das outras e vagueiam independentemente na solidão.[8]

Dissipação das virtudes, o que significa isso senão a ruptura de uma organicidade original na qual a alma e o corpo se uniriam em uma *coincidentia oppositorum* das mais fecundas. Ao esquecer essa estreita união, o cristianismo se tornou prolixo e, portanto, errante. Induzida pela Reforma Protestante, a ruptura culminou nessa racionalização generalizada da existência, cuja consequência é o "desencantamento do mundo" (Max Weber). Quando tudo é submetido à razão, quando tudo deve ter sua razão, a palavra se empobrece e não pode mais se tornar "carne".

A encarnação é um corporeísmo místico, um materialismo espiritual no qual o silêncio e a palavra se unem

---

8. G. K. Chesterton, *Orthodoxie* (1908). Paris: Climat, 2009, capítulo 3.

em uma fusão infinita. Um relativiza o outro. Mas vivem igualmente em relação. Essa é a culminação da experiência religiosa, a do "conselho" evangélico elevando o corpo e o sentidos em uma realização das mais fecundas. *A Transverberação de Santa Teresa*, escultura de Bernini, na Igreja Santa Maria della Vittoria, em Roma, é uma excelente ilustração dessa conjunção orgânica do corpo e da alma. Exemplo perfeito de uma unicidade na qual o silêncio fala.

Talvez fosse uma completude como essa que Guillaume Apollinaire[9] tinha em mente quando declarou em seu poema *Álcoois*: "O europeu mais moderno sois vós, Papa Pio X". O paradoxo é apenas aparente. Embora para a Igreja Católica o Santo Papa Pio X tenha sido, e ainda continue a ser, o inspirador de diversas correntes tradicionalistas, não se deve esquecer que ele favoreceu um catolicismo integral. Um "integralismo" que não se deve confundir com o mero (e estigmatizante) "integrismo"[10], mas que consiste essencialmente em manter a primazia de uma liturgia na qual a palavra é relativizada por rituais, no decorrer dos quais as paixões e as emoções comuns ocupam um lugar de destaque.

O que se requer na liturgia (do grego *leitourgia*: serviço do povo) é exatamente a *totalidade* de cada um e da comunidade. Em uma perspectiva tradicional, por meio

---

9. Guillaume Apollinaire (1880-1918). Considerado pela crítica literária o mais importante representante das vanguardas culturais do início do século xx. Foi o instaurador dos princípios de uma nova estética, que rompia com os valores do passado. O poema *Álcoois*, ao qual se refere o autor, é de 1913. [N.Ts.]
10. Ver, por exemplo, E. Poulat, *Intégrisme et catholicisme intégral. Un réseau secret international antimoderniste*. Paris: Casterman, 1969.

dos cantos, das circum-ambulações e de outros jogos de cena teatrais, o ritual usa o corpo, os sentidos, as emoções coletivas. Em sua multiplicidade ordenada, a "teoria dos meninos do coro"[11] impede a teoria conceitual. A primeira prevalece sobre a segunda. O silêncio ideacional, ou pelo menos, a relativização e a colocação em segundo plano do discurso, faz com que o "serviço do povo" seja a causa e o efeito de um enlevo divino. Talvez seja esse o modo pelo qual se deva compreender o salmista quando ele invoca: *Adhaesit lingua mea faucibus meis*, "minha língua gruda no céu da boca"[12] (Salmos 22:15). Por vezes, para celebrar a palavra de Deus, é preciso calar-se!

Da "transverberação" de Santa Teresa à visão apofática de um Mestre Eckhart e, de modo mais geral, à dos místicos renanos, o caminho de pensamento e de ação é idêntico: purgar-se da paranoia conceitual e da crença na possibilidade de criar atribuindo nomes. Talvez, enumerando as características da deidade, seja possível até mesmo criar Deus. Ao valorizar o silêncio, a conduta apofática abandona o divino à sua *inquietante singularidade*. Singularidade esta provocada pelo lado tremendo e fascinante (*tremendum et fascinans*) que caracteriza o numinoso[13].

---

11. De modo geral, durante as missas e as procissões católicas, as crianças a partir dos seis anos costumam auxiliar no andamento dos rituais. O emprego do termo "teoria" pelo autor pode ser entendido com base na origem grega da palavra *theorein*, que significa fazer um espetáculo. [N.Ts.]

12. Referência ao Salmo 22:15: "Meu vigor secou-se como um caco de barro, e a minha língua gruda no céu da boca: deixaste-me no pó, à beira da morte". [N.Ts.]

13. R. Otto, *Le sacré*, op. cit. Ver também a tese de Raphaël Josset: *Ordo ab Chaos*. Paris: Université Paris Descartes, 2009.

É muito difícil reconhecer que essa negação do sagrado
– que cada vez com mais frequência é denominado "sacral" –
conduz inevitavelmente a um *retorno do recalcado*, cujas
consequências sanguinárias fazem as manchetes da atualidade? O mito do Progresso e a valorização sem nuances
da temática da liberdade não podem culminar em uma
devastação do mundo e dos espíritos? Em consequência, o
cosmo se torna caos! Ameaça constante da espécie humana,
a húbris conduz a uma *heterotelia*[14], a um fim outro que
não o pretendido: o fanatismo religioso.

A humildade da atitude apofática nos remete a esse
"humanismo integral" (Jacques Maritain) que sabe ligar o
espírito e a matéria, a alma e o corpo. Esse é o fio condutor da
sensível obra teológica de Mestre Eckhart, o grande místico
renano, bem como o que inspira seu ensinamento popular
ou a orientação das monjas dos conventos de Estrasburgo.
Heidegger relembra: "Como diz o velho Mestre Eckhart,
com quem aprendemos a ler e a viver, é somente no que a
linguagem não diz que Deus é verdadeiramente Deus"[15].

Essa "linguagem" silenciosa é a linguagem do ar que
envolve tudo, a da mãe natureza, a da imensidão da *abóbada
estrelada* que nos recobre, a da obscuridade da terra, que

---

14. Ação que produz exatamente o contrário do pretendido. Na contemporaneidade, o mito do Progresso, por exemplo, voltado para a democracia das nações e povos da Terra, gera dominações, exclusões, intolerâncias, patogenias de todas as ordens. Em um de seus *Pensamentos*, Blaise Pascal fez uma proposição de suma importância que permite entender a heterotelia: "Quem quer se passar por santo, acaba sendo pecador". [Blaise Pascal. *Pensamentos*. Tradução de Mario Laranjeira, revisão técnica de Franklin Leopoldo e Silva. São Paulo: Martins Fontes, 2005.] [N.Ts.]
15. M. Heidegger, "Le Chemin de campagne", *in Questions III*. Paris: Gallimard, 1966, p. 13.

não deixa de sustentar a vida. Sabedoria apofática que, ao renunciar à verbosidade sempre inconsequente dos sistemas abstratos, permanece fincada na terra e, por isso, pode responder aos apelos do céu. *Enraizamento dinâmico* que permite fugir do tumulto do inautêntico e, assim, alcançar a escuta da verdadeira palavra que se expressa sem fazer muito ruído.

Como amador, não especialista das ciências religiosas, posso afirmar que a intenção da teologia apofática é reiterar a eficácia do mistério. Mistério esse que não pode ser perscrutado unicamente pela ciência (mesmo teológica), mas a partir do acontecimento do numinoso, para muitos poético. Algo inesperado, inconcebível, extraordinário, que possui *eficácia* própria e, por isso, em seu silêncio discursivo, é totalmente "falante". Insisto no termo "eficácia" e não "eficacidade" para indicar a ação e não o agente que a exerce.

Como indiquei anteriormente, o sacramento, por exemplo, atua *ex opere operato*, a ação se realiza por si mesma. E isso sem considerar a qualidade (por exemplo, a santidade) daquele que a realiza (*ex opere operantis*): o sacerdote.

Uma bela lição de humildade que evoca a força interna das coisas e despreza a paranoia do orgulho humano que acredita dominar tudo e assim esvaziar progressivamente, "progressistamente" o mistério. Desse modo, para tomar só um exemplo dessa *eficácia* misteriosa, o sacramento torna visível uma força invisível. Isso ocorre não por meio dos conceitos, mas sim pelo que se percebe por meio da imagem que a "visão" individual e coletiva produz. "Suba até aqui, e lhe mostrarei o que deve acontecer depois dessas coisas." (Apocalipse 4:1)

Ao colocar em segundo plano a discursividade, os rituais imagéticos, até mesmo teatralizados, permitem uma elevação contínua *stricto sensu* uma ampliação da potência: não mais se contentar em escutar o que é dito, mas sim ouvir o indizível! Essa é a ação secreta dos rituais. O que acontece em todos os domínios: no religioso, no social, no político, até mesmo no econômico. A ordem simbólica de nosso progressismo e de nosso racionalismo, que alguns ingênuos acreditaram ter ultrapassado, tende a perdurar. Ela constitui o imaginário pós-moderno que a *intelligentsia* oficial tenta constantemente denegar.

O filósofo católico Romano Guardini[16] identificou há muito tempo a origem desse tipo de incompreensão:

> Nós, modernos, somos completamente *conceitualizados*... perdemos a faculdade de visualizar imagens, de ouvir parábolas, de realizar ações simbólicas.[17]

Observação judiciosa que ele aplicou à missa tradicional, mas que, sem exagero nenhum, se poderia extrapolar nas mutações de fundo que, por vezes com alguma facilidade de linguagem, denominamos "societais", mutações que

---

16. Romano Guardini (1885-1968), sacerdote, escritor, teólogo, exerceu grande influência na teologia católico-romana, estabelecendo um fecundo diálogo entre teologia, literatura e liturgia. [N.Ts.]
17. R. Guardini, *La Messe*. Paris: Cerf, 1957, p. 64 e 71. Em outro contexto, ver C. Gaudin, *Le Mythe de la finance. Essai sur l'extase de la valeur*. Paris: L'Harmattan, 2010.

nos conduzem a reafirmar a potência do ver, a capacidade de ver o que não se diz.

Foi o que a fenomenologia redescobriu no começo do século XX. A *époché* como método de "colocar entre parênteses" e interditar qualquer julgamento ou qualquer proposição pelos quais se costumava *representar* o mundo. A suspensão do julgamento consiste, também, em negar o assentimento a concepções puramente intelectuais que nossa intuição afirma serem unilaterais. Nesse sentido, a *époché* tem como objetivo permitir que o fenômeno mundo apareça como tal. Trata-se, portanto, de fazer com que revele o que é pura aparição.[18]

Em livros anteriores, já chamei a atenção para a fecundidade heurística da *apresentação* que, ao contrário de uma *representação*, fechada em si mesma, abre para a riqueza e a vitalidade do que existe. Por construção, a representação é unilateral, apenas o intelecto racional é solicitado. Jamais se deixará de lembrar que ela é legítima e operativa. O conceito – *concipere* (conceber), o que é fechado (como a criança no seio da mãe) – é seu principal instrumento. A apresentação, por sua vez, é multilateral. Ela se contenta em descrever por metáfora, analogia e diversas produções de imagens o que se apresenta, o que advém.

Devo lembrar que na Idade Média essa preocupação filosófica não foi identificada senão de maneira alusiva, em São Boaventura e no "exemplarismo", do qual ele foi o

---

18. Ver, por exemplo, E. Husserl, *Idées directrices pour une phénoménologie pure et une philosophie phénoménologique* (1913). Paris: Gallimard, 1985, p. 101 e ss.

pioneiro. Sua abordagem filosófica buscava visualizar em cada coisa visível a manifestação, o símbolo, do invisível.[19] Foi isso também que conduziu os franciscanos, ordem à qual Boaventura pertencia, a desenvolver os múltiplos presépios e as *vias crucis*, que não *demonstravam* o nascimento ou a morte de Jesus Cristo, mas se contentavam em *mostrá-los*. A demonstração puramente teórica cedia lugar a uma "mostração" que excitava também os sentidos e, com isso, privilegiava a integralidade do ser individual. Procedimento anagógico que permite atingir o Ser em sua própria qualidade.

São inúmeros os exemplos na Itália, na Espanha, ou no Brasil, onde a eflorescência grandiosa do presépio representando o nascimento de Jesus, ou da *via crucis*, ilustrando a morte do Cristo, têm como função essencial promover uma compreensão mais rica da complexidade divina. Para que isso aconteça, os afetos individuais são solicitados e o emocional, como atmosfera mental coletiva, é privilegiado. Ao acentuar esse tipo de sensualismo, o exemplarismo torna eloquente o corpo silencioso, seja ele o corpo individual ou o corpo eclesial. Essa é a lição essencial da liturgia em sua ação multidimensional.

A indução anagógica, no sentido mais próximo de sua etimologia – *anagogikos*, elevação –, é a procura de um sentido oculto, mas presente em um mundo em per-

---

19. Ver J-M. Bissen, *L'Exemplarisme divin selon Saint Bonaventure*. Paris: Vrin, 1999. Também, G. Durand, *Introduction à la mythodologie: Mythes et société*. Paris: Albin Michel, 1996, p. 102. Ver ainda M. Xiberras, *Pratique de l'imaginaire: lecture de G. Durand*. Québec: Presses de l'Université Laval, 2002, p. 118.

pétua busca do Ser. Por meio das imagens, dos cânticos, dos rituais, dos aromas, busca-se encontrar esse "tesouro oculto" que, de Tales de Mileto (a quem, segundo a injunção da Pítia, foi dado o cálice de ouro) até Goethe (em seu poema "O Rei de Thule"[20]), constitui a busca constante da "marca" do Ser. Nesse contexto, o silêncio das palavras racionais e o apelo aos sentidos constituem uma anagogia: uma elevação que conduz ao divino. Esse tipo de "deciframento" é uma constante nas histórias humanas. Há momentos em que as palavras não são mais pertinentes, nos quais o silêncio se impõe antes que novamente se possa dizer qualquer coisa apropriada. A necessidade desse tipo de silêncio fundador encontra-se na própria essência do romance de Hugo von Hofmannsthal, *Carta de Lorde Chandos*[21]. A insuficiência das palavras e discursos convencionais conduz o narrador a um retorno aos valores tradicionais, os dos não ditos da cultura, fundamento da existência em particular, e do Ser em geral.

---

20. Poema de Goethe que também se refere ao cálice de ouro: "Houve em Thule um rei fiel, até que a morte o levou; a sua amada, ao morrer, taça de oiro lhe deixou. [...]" [N.Ts.]

21. Hugo von Hofmannsthal, *Lettre à Lord Chandos*, tradução de A. Kohn. Paris: Gallimard, 1980.
[Assinada por Lorde Chandos, a carta é destinada ao filósofo Francis Bacon. Nela o remetente informa que renuncia à atividade literária por absoluta impossibilidade de escrever: "O meu caso é, em poucas palavras, o seguinte: perdi completamente a capacidade de pensar ou falar coerentemente sobre o que quer que seja. A princípio foi-se-me tornando impossível tratar um tema superior ou mais geral, servindo-me para isso das palavras que toda a gente usa fluentemente sem refletir. [...] E isto [...] porque as palavras abstratas, de que a língua tem de servir-se naturalmente para emitir qualquer juízo, se me desfaziam na boca como cogumelos podres". Edição brasileira bilíngue, alemão-português, *Uma carta – A carta de Lord Chandos*. Tradução e posfácio de João Barrento. Coleção Cartas para todos e para ninguém, Volume 1. Belo Horizonte: Edições Chão da Feira, 2012. p. 18-19. (N.Ts.)]

Do silêncio ele extrai uma nova força. Ao colocar entre parênteses sistemas de pensamento aos quais estava habituado, um novo dinamismo se inicia, símbolo dessa "graça imperdível" que, como reitera a teologia, não se pode perder, nem mesmo ser retirada.

Seguindo a mesma ordem de ideias, e para demonstrar a amplitude do espectro que reveste a indução anagógica, podemos abordar a partir da atitude apofática, do procedimento "exemplarista" e da *époché* filosófica, o que a franco-maçonaria tradicional denominou "a palavra perdida". Mais uma vez, trata-se da busca de uma ordem na qual tudo é símbolo. Uma busca que, além das palavras convencionais, consiste em reencontrar a palavra original. É sendo meticuloso nessa pesquisa que, progressivamente, o aprendiz se eleva ao grau de mestre. É preciso ressaltar que uma *elevação* como essa só é possível quando o simples *saber* individual, poderíamos dizer racional, é completado por um *conhecimento* coletivo que conduz a uma compreensão mais global.

O mito da palavra perdida é instrutivo pelo fato de conceder um lugar de destaque ao silêncio fundador, metáfora da morte simbólica e de uma reintegração a um mais-ser que a figura do Ser original assegura. De novo, a conduta apofática é sinônimo de uma busca iniciática que permite passar do visível ao invisível, ou melhor, chamar a atenção para o fato de que o visível contém muito do invisível. Consequentemente, a busca da "palavra perdida" seria a metáfora desse Ser indefinido, fundamento de todas as coisas.

Em outros termos, por meio do silêncio conceitual, o pensamento apofático reitera que o Real não se reduz à realidade. Lembremos ou não, queiramos ou não, na maior parte do tempo a realidade se reduz à sua mais simples expressão: o *princípio de realidade* econômica, política e social. A realidade é, portanto, estatisticamente controlável. Um conceito-chave do mundo moderno. Pode-se falar da realidade e computá-la.

O Real é pleno de seu contrário. Ele contém em si o poder do sonho, dos fantasmas, das fantasmagorias e de outras fantasias. O Real é essencialmente mítico. Por isso não pode ser demonstrado. Não se pode falar dele senão *por evitamento* ou, de modo mais comum, "por vias indiretas". Etimologicamente, parábola significa: *para ballein*, ladear, rodear.

Ao contrário do conceito que enclausura na realidade computável, a parábola mostra esses "lados indiretos" da vida. Ela possibilita também inserir o pensamento em um Real mais rico. Isso exatamente porque permite visualizar as coisas sob a perspectiva da eternidade. A "mostração" das condutas apofáticas ou exemplaristas é outra maneira de expressar a atitude contemplativa que ajuda a entender o que há de intemporal nas formas ordinárias da vida cotidiana: a alegria do nascimento (manjedoura), as dores das vicissitudes da existência (*via crucis*). Com suas "vias indiretas", a parábola permite concretizar de forma paulatina em cada um esse mistério que, certamente, constitui a marca essencial do divino.

Em consequência, esse divino não é mais o Deus que o Conde de Lautréamont²² designava ironicamente como o "Grande Objeto exterior". Ele se incorpora, torna-se "tudo para todos" e para todas as coisas. Ele se concretiza; o que significa *cum crescere*, "crescer com". Ou, em uma terminologia mais antiga, mas muito instrutiva, além da abstração racional, mas aquém das imagens e das parábolas, o divino se concretiza: ele se solidifica, ele *se corporifica*.

Na apofática, existe o que se poderia denominar uma "visão aorística" panorâmica, não limitada. Como se sabe, o tempo verbal grego chamado aoristo permite ressaltar de uma só vez o aspecto fluido e integral de um fato. Trata-se essencialmente de constatar esse fato, de epifanizá-lo e, assim, ir ao encontro das características essenciais das visões habituais dos místicos. Interessante notar que o "visionário" não se limita mais à esfera do religioso, mas tende a contaminar a pintura, a música juvenil, a coreografia. Signo indubitável, ou melhor, "intersigno" misterioso da organicidade constitutiva do mundo da vida.

De fato, em sua discursividade, a Razão se baseia na clareza e na exatidão. Sendo essa exatidão percebida – ainda hoje – como a característica dominante da Verdade. Para conseguir isso, a Razão analisa e divide e, assim, isola os diversos elementos da globalidade. Desse ponto de vista, ela é o instrumento privilegiado para explicar o Ser como fenômeno. *Ex-plicare* significa que tudo é colocado numa superfície plana. Nenhuma "dobra" resistiria ao

---

22. Pseudônimo literário de Isidore Lucien Ducasse (1846-1870). [N.Ts.]

rolo compressor da Razão. No caminho do pensamento apofático, o processo é completamente outro. Ele permite descobrir o que é o mistério da existência: a concatenação desses filamentos secretos que religam tudo e todos à força viva da Natureza. Em resumo, ele possibilita compreender o Ser. Para uma compreensão como essa, tudo é bom (*cum prehendere*); ela é holística. Sem dúvida alguma, ela pode utilizar o rigor das palavras, não é prisioneira delas e, assim, participa da "contemplação do mundo"[23].

Essa contemplação do mundo é bem mais comum do que se imagina. O povo compreende (no sentido indicado anteriormente) que a mística prescinde de palavras. Na vida cotidiana a dimensão misteriosa não é algo desconhecido. A religiosidade popular comprova isso. Ela se expressa no dia a dia por meio do culto dos santos. Impulsionado pelo desenvolvimento tecnológico, o *reencantamento do mundo* será um fato incontornável que não se poderá negar com um simples dar de ombros laicista, com o risco de um isolamento ainda maior da vida cotidiana, na qual sombra e luz se entrecruzam em uma mistura extremamente fecunda. Sombra e luz se completam e se compensam. Elas compõem o lado numinoso do divino.

Em um belo texto sobre a compensação, Ralph Waldo Emerson[24] ressalta o que para ele foi certamente uma reve-

---

23. Ver M. Maffesoli, *La Contemplation du monde* (1993). Paris: Le Livre de Poche, 1996 [*A contemplação do mundo*. Tradução de Francisco Franke Settineri. Porto Alegre: Artes e Ofícios, 1995.], e *Le Réenchantement du Monde* (2007). Paris: Tempus, 2009.
24. Ralph Waldo Emerson (1803-1882). Importante poeta e filósofo nor-

lação e o fez mudar o curso de sua vida: a experiência de ter ouvido um sermão em uma igreja na qual o pregador, um "homem estimado por sua ortodoxia", elaborava um discurso irrepreensível e convencional sobre um conhecido tema teológico. Emerson argumenta: "Não me pareceu que suas ovelhas se intimidassem com essa doutrina. Pelo que pude observar, depois do ofício elas se dispersaram sem fazer comentários sobre o sermão". Em termos mais gerais se poderia dizer: "Fale quanto quiser, não me interessa!". A cegueira do pregador não lhe permitia perceber que "a vida cotidiana daquela gente desmentia tudo" e, prossegue Emerson, "os homens valem mais do que essa teologia". O silêncio do auditório era a expressão de uma discordância profunda. O silêncio era a única resposta válida para aqueles que, de modo ortodoxo, dogmatizam com arrogância, soberba, jactância, sempre de uma maneira abstrata. E é esse "desenraizamento" que não permite vislumbrar o "raio de divindade" cuja ação está sempre presente na alma do mundo. Em resumo, "a vida transcende a teologia"[25].

Nesse *sublime ordinário*[26] que constitui toda a existência, o esoterismo e o exoterismo se conjugam infinita-

---

te-americano. Para Emerson, é necessário um esforço de introspecção metódica para transcender o Eu superficial e alcançar o Eu profundo, espírito universal comum a toda a espécie humana. [N.Ts.]

25. R. W. Emerson, "Compensation". In *Sept Essais*. Bruxelles: P. Lacomblez, 1907, p. 53. Ver também R. Picon, *Emerson. Le sublime ordinaire*. Paris: CNRS Éditions, 2015.

26. A expressão refere-se a ações cotidianas que podem servir de suporte para mudanças psíquicas; comumente envolvem processos de sublimação e reelaboração do sujeito a serem desvendados nos procedimentos psicanalíticos. [N.Ts.]

mente, o que caracteriza seu aspecto "sacral". A religação entre o visível e o invisível é a essência do misticismo popular. Podemos citar até mesmo um "gnosticismo" no qual, para falar a língua dos pássaros, o fato de religar (*religare*) tudo e todas as coisas cria uma confiança ("religante") secreta em relação a todos e a todas as coisas.

Essa religiosidade holística é encontrada na *New Age* contemporânea, cujo relativismo é certamente considerado uma negação de qualquer forma de dogmatismo, porém, muito mais do que isso, coloca as verdades aproximativas em relação.

O fluxo da visão apofática tem uma longa tradição. Pode ser associado à *Shekina* bíblica, expressão da presença de Deus entre os hebreus. A *Shekina* permanecia na cobertura da Arca da Aliança, sob a forma de "nuvem". Essa "coluna de nuvem não se afastava do povo de dia" e permitia que Javé conduzisse sua gente na longa viagem de seu destino. Durante a noite a "coluna de fogo" assegurava a presença divina (Êxodo 13:22). É a compensação sombra e luz que constitui a própria essência de todo numinoso divino. Ela mostra que o silêncio apofático está no fundamento da Palavra regeneradora.

De fato, mais do que a verbosidade da doutrina dogmática, esse silêncio permite uma abertura para a graça do Ser. Eu disse "graça imperdível": que não pode ser nem retirada, nem perdida. Graça que se aninha no segredo ou na discrição. É isso que as experiências mística, poética, cultural desvelam. Elas constituem uma unidade.

Bernard Sichère oferece um exemplo disso:

Na obra *Invocação de São Mateus*, de Caravaggio, que se encontra na Igreja de São Luís dos Franceses, em Roma, Mateus, o publicano, volta-se para o raio de luz emitido por uma fonte invisível à sua direita. Tudo foi mostrado ali e mais nada precisa ser dito[27] [...].

Evocação perfeita dessa luz silenciosa que, não se pode negar, fala. Parábola que mostra como por meio de uma linguagem indireta pode surgir uma verdadeira compreensão das coisas; nessa citação existe um apelo, uma invocação de consequências não negligenciáveis para a elaboração das Escrituras!

Sempre na mesma ordem de ideias, em seus comentários sobre as pinturas que admirava nas igrejas espanholas, Maurice Barrès relembra que os corpos colocados em cena, por vezes de uma maneira crua, até mesmo violenta, são simultaneamente naturais, artificiais ou "formados pela meditação da alma". Embora mesmo as telas sangrentas não estejam "em contradição com o ensinamento do altar". Isso simplesmente porque no senso comum que expressam, o dos fiéis, elas ilustram ao mesmo tempo "o misticismo exaltado" e a "ferocidade" própria da nossa natureza. Esses quadros representam com perfeição a fisionomia humana e o que constitui seu mistério: o misto de desejo sanguinário, de destruição e de efusão erótica mais ou menos sublimados.

---
27. B. Sichère, *Penser est une fête*. Paris: Léo Scheer, 2002, p. 61.

Ao citar o retrato de Francisco Pacheco, sogro de Velásquez, ele ressalta que "a arte do pintor deve ser consagrada ao serviço da Igreja e, com muita frequência, essa grande arte produz maiores efeitos para a conversão das almas do que as palavras do padre"[28]. Mais uma vez, ao exemplificar o Real, a imagem produz uma perturbação nervosa que favorece a aproximação do divino. Sem palavras, o jogo de imagens promove a catarse das mais horríveis imaginações e, com isso, torna familiar o aspecto fascinante e inquietante do sagrado. O que constitui a fonte de toda elevação. A purgação silenciosa é anagógica: ela eleva em direção a um (mais) Ser.

Um último exemplo nesse sentido pode ser encontrado na arte da Igreja Ortodoxa. Trata-se do *Ícone da Trindade*, de Andrei Rublev (por volta de 1420), que se encontra na Galeria Tretiakov, em Moscou. Nota-se, e isso foi evidenciado por inumeráveis comentadores, que a vestimenta de Deus Pai tem uma cor indefinida. Isso simplesmente porque Ele é indescritível. Exemplo perfeito do fluxo apofático: por meio dessa cor indefinida, nada está dito, e tudo foi dito. A deidade encerra-se em uma gota de água, na cor indecisa de sua vestimenta e, com isso, abre-se para a riqueza de sua própria complexidade, irredutível a qualquer definição preestabelecida, seja ela qual for.

Mais uma vez, um silêncio que fala. O Ser permanece infinitivo, por isso, indefinido; as "nominações" são provisórias e, portanto, múltiplas. O que corresponde exata-

---

28. M. Barrès, *À la pointe extrême de l'Europe*. In *Du sang, de la volupté et de la mort*. Paris: Librairie Plon, 1921, p. 178 e 181.

mente à quintessência misteriosa da pluralidade divina. Místicos, pintores, romancistas, teólogos apofáticos, todos sugerem, à sua maneira, o poder do inominável – fracasso na atribuição de qualidades. O que fica explícito na transcrição de Joris Karl Huysmans[29]:

> Devemos crer que Ele existe, ter certeza de que Ele é bom; não O conhecemos, em resumo, ignoramos tudo a Seu respeito; Ele existe, e efetivamente só pode ser imanente e permanente, inacessível. Não se sabe o que Ele é, e muito menos o que Ele não é. Tentem imaginá-Lo e logo o bom senso se perde, pois Ele está acima, fora e dentro de cada um de nós. Ele é três e é um, Ele não tem começo nem terá fim, Ele está acima de tudo e é infinitamente incompreensível.[30]

No decorrer do romance *En route* [*A caminho*], que descreve sua conversão à fé católica, e em toda sua obra posterior, na qual a demonstração teórica cede lugar à "mostração" bruta, Huysmans trata sempre da literatura mística, da arte sacra, da ascese paroxística e, em particular, de Santa Liduína[31] de Schiedam. Mais do que a teologia argumentativa,

---

29. Além de escritor, arquivista e bibliotecário, Joris Karl Huysmans (1838-1907) era movido pela paixão e pelo desgosto com a sociedade de seu tempo. Passou grande parte da vida isolado em um mosteiro trapista do qual se desligou posteriormente alegando a péssima qualidade das refeições. Suas obras *En route*, *L'Oblat*, *En rade* permanecem sem tradução programada no Brasil. [Edições brasileiras: *Às avessas*. Tradução de José Paulo Paes. Introdução e notas de Patrick Mcguinnes. São Paulo: Penguin-Companhia das Letras, 2011; e *Nas profundezas*. Tradução de Mauro Pinheiro. São Paulo: Carambaia, 2019.] [N.Ts.]

30. J. K. Huysmans, *En route*. Paris: Plon-Nourrit, 1918, p. 99. [*A caminho*. Portugal, Porto: Civilização, 2007.]

31. Santa Liduína de Schiedam (1380-1433), religiosa católica holandesa, conhecida como a padroeira dos patinadores. Na história da ciência, ela é citada

foi ela quem inspirou a conversão de vida e de pensamento desse autor diabólico, naturalista, por vezes satanista.

Nesse livro, ele cita uma frase do místico Ruysbroeck[32], de quem gostava muito: "Saibam todos aqueles que gostariam de conhecer a Deus e estudá-Lo que isso é proibido; eles enlouqueceriam". Huysmans alerta para os perigos dessa *húbris* que, em todas as culturas, sempre ameaçou o ser humano. Em suma, para se aproximar do numinoso é preciso prudência e discrição. O que é garantia de um estudo judicioso e equilibrado. A *discretio* medieval era a arte do discernimento. O ser humano "discreto" é aquele que sabe escutar no silêncio o que vem do passado. A elevação individual e a coletiva se baseiam nessa sabedoria. Semelhante a uma escada que se apoia no muro para poder subir mais alto, em seu silêncio, a tradição é a escada do conhecimento autêntico.

O silêncio dos místicos se integra ao da religiosidade popular, refletindo uma inegável indiferença em relação ao dogma. Essa indiferença não significa oposição ou contestação. E isso precisamente porque existe nesse gnosticismo uma sensualidade difusa da qual, não se deve esquecer, a instituição eclesiástica sempre suspeitou.

A palavra "racional" tem qualquer coisa de intrusiva. Thomas Kühn reitera que a Razão utiliza uma *via recta* que vai direto ao objetivo. O que confere ao conceito uma brutalidade própria. Essa via direta foi a marca da modernidade, cuja origem, como assinala Max Weber, foi

---

como um dos primeiros casos documentados de esclerose múltipla. [N.Ts.]
32. Jan van Ruysbroeck (1293-1381). [N.Ts.]

a Reforma Protestante, para a qual a liturgia da Palavra é essencial.³³ Destaquemos, de passagem, que existe uma contradição entre os termos, pois "liturgia" não faz mais parte do "serviço do povo", ela pertence aos eruditos que detêm o "monopólio legítimo" da gestão da Escritura. Daí se origina o aspecto educativo do sermão.

A atitude apofática e a utilização de imagens próprias da mística inscrevem-se em um pensamento do acompanhamento, um pensamento que tergiversa, que atua por meio do que o psicólogo denomina "ressonância", cuja eficácia se constata a longo prazo. Assim como a parábola, esse pensamento age por meio da linguagem indireta e, sobretudo, *a posteriori*. Ele é mais iniciador do que educador e, desse ponto de vista, está em harmonia com o espírito do tempo pós-moderno, que duvida da violência sistêmica do racionalismo dominante, mas sente uma apetência real por uma razão sensível que, em sua essência, é bem mais afetuosa.

Aí reside o ponto nodal da linguagem mística silenciosa. Em seu estudo clássico sobre São João da Cruz, Jean Baruzi lembra que essa é uma linguagem "universalmente humana", cuja especificidade é "abismar-se em um Deus sem especificidade"³⁴. Esse abismo é o da profundidade da deidade que não pode ser reduzida aos modos lógicos ou linguísticos por

---

33. Ver M. Weber, *L'Éthique protestante et l'esprit du capitalisme* (1904). Paris: Gallimard, 2004 [*A ética protestante e o "espírito" do capitalismo*. Introdução de Antônio Flávio Pierucci (Org.); tradução de José Marcos Mariani de Macedo. São Paulo: Companhia das Letras, 2004] e T. Kühn, *La Structure des révolutions scientifiques* (1962). Paris: Flammarion-Champs, 2008. [*A estrutura das revoluções científicas*. Tradução de Beatriz Vianna Boeira e Nelson Boeira. 9ª edição. São Paulo: Perspectiva: 2006.]
34. J. Baruzi, *Saint Jean de la Croix*. Paris: Librairie Félix Alcan, 1931, p. 231.

meio dos quais habitualmente se traduz o discurso racional. Devo lembrar aqui, como já argumentou Max Weber, que o fato de não fazer uma *reductio ad rationis* não implica nenhum irracionalismo. Entender o "não racional" não como irracional, mas bem ao contrário disso, consiste em perceber a razão específica que influencia a vida como um todo. O desafio da mudez mística é exatamente esse. Guiado por essa "preocupação", Heidegger evocava a necessidade de pensar "o destino do Ser em seu silêncio", ou ainda: "a realização eficaz do que é mantido em silêncio", sensibilidade filosófica que, como se sabe, se assemelha à de Plotino, de Mestre Eckart, do Pseudo-Dionísio, o Areopagita. Tal sensibilidade se baseia no carácter "totalmente outro" do Ser e se empenha em proteger essa especificidade contra a simplificação da publicidade[35].

Ao contrário dos analfabetos midiáticos que mascaram sua incapacidade de pensar com uma retórica abundante, existe no silêncio uma reserva que respeita o extraordinário e se contenta apenas em indicar sua direção. Quando faltam as palavras, a eloquência do silêncio intervém. O sentimento da precariedade das coisas humanas não é menos expressivo. Esse sentimento confere ao silêncio toda sua força. Em uma espécie de fecunda alquimia, o silêncio é uma transformação espiritual das coisas materiais.

O silêncio apofático ressalta que os livros não devem

---

35. Ver P. Trawny, *Heidegger et l'antisémitisme*. Paris: Seuil, 2014, p. 194. [*Heidegger e o mito da conspiração judaica mundial*. Tradução de Soraya Guimarães. Rio de Janeiro: Mauad, 2015.]

ir para todas as mãos. A tragédia de *O nome da rosa*, de Umberto Eco[36], baseia-se nessa constatação iniciática. Isso é sabedoria antiga: Aulo Gélio, o *classicus scriptor*, já argumentava que os livros deveriam ir para os *classici*, aqueles que têm "compreensão", e não para qualquer um. No longo prazo, porém, o que perdura pertence à ordem do esoterismo. Daí a necessidade da discrição secreta a fim de ter o discernimento necessário para a escolha das leituras. Esse tipo de conselho, cheio de ironia, já pode ser encontrado na carta 50 da extensa correspondência de Espinoza.[37]

> Os mais ignorantes, dizia eu a mim mesmo não sem sorrir, são frequentemente os mais audaciosos e os mais dispostos a escrever. Essa gente parece expor suas mercadorias à venda como fazem os donos de brechós, que exibem em primeiro lugar o que eles têm de pior.[38]

Essa relação prudente com a deidade é uma constante antropológica. Em *As vidas dos homens ilustres*, Plutarco relata de que maneira Numa, o mítico rei de Roma e organizador da cidade, não hesitou em consagrar um templo a Tácita, divindade do silêncio. Nessa consagração ao silêncio ele demonstrava seu respeito a Pitágoras.

---

36. Umberto Eco, *O nome da rosa*. Tradução de Aurora Fornoni Bernardini e Homero Freitas de Andrade. Rio de Janeiro: Nova Fronteira, 1983. [N.Ts.]
37. Referência à carta 50, escrita em 1642, para o filósofo Jeng Jelles (1620-1683), um dos editores da obra de Espinoza. [N.Ts.]
38. Spinoza, Lettre 50. In *Œuvres complètes*. Paris: Gallimard, coleção Bibliothèque de la Pléiade, 1955, p. 1231.

O filósofo acreditava que o Ser por excelência não é nem perceptível, nem capaz de sensações, mas invisível, isento de toda corrupção e puramente inteligível.[39]

Na "dieta pitagórica" a valorização do silêncio assemelha- se à abstinência apofática e serve de fundamento para o "quanto a si" popular que, pelo conhecimento incorporado, "sabe" que convém ser parcimonioso com as legitimações e racionalizações *a posteriori*, com as quais revestimos os mais simples atos da vida cotidiana. O "calado", ou o que meu saudoso amigo Jean Baudrillard denominava metaforicamente o "ventre apático do social", é constituído dessa "maioria silenciosa" que encontra nessa dietética uma maneira de resistir à ação intrusiva das palavras do poder.

Talvez seja isso que aproxime o divino *stricto sensu* e o que Émile Durkheim denominava o "divino social"[40] – uma capacidade de não se deixar aprisionar em uma concepção ou formulação dogmática. Existe nas almas superiores, e igualmente na sabedoria popular, um gnosticismo difuso. O que Gilbert Durand, bom conhecedor da mística e das tradições populares, denominava a fé do sapateiro; ligando assim as crenças ancestrais do "carvoeiro", símbolo do homem sem qualidade e a abordagem que Jacob Boehme, um consertador de sapatos, desenvolvia em sua oficina, em Goerlitz.

---

39. Plutarque, *Vie des Hommes Illustres. Numa.* Paris: Charpentier, 1861, tomo I, p. 150. [*Vida dos homens ilustres* (23 biografias de pensadores gregos e romanos). Tradução de Aristides de Silveira Lobo. São Paulo: Editora das Américas, 1951.]
40. E. Durkheim, *Les Formes élémentaires de la vie religieuse*, op. cit.

Tanto em um caso como em outro, o que está em jogo é a primazia do espírito sobre a palavra, proporcionando uma existência teândrica: uma realização do humano no divino. Sem que isso seja conscientizado, portanto verbalizado por meio desses termos, a teosofia do sapateiro de Goerlitz está em consonância com a religiosidade popular: a união a Deus prescinde de palavras diante do caráter prodigioso da Palavra.[41] Nos dois casos não se trata mais de uma demonstração da divindade, mas de uma "mostração" do Absoluto.

Isso requer uma inversão de polaridade; uma reviravolta em nosso habitual antropomorfismo, no qual o ser humano é a medida de tudo e de todas as coisas. O sujeito que nomeia e domina o objeto. Mesmo que seja "o objeto Deus"! O aspecto inefável da deidade do místico, ou do povo, induz muito mais uma trajetória, um vai e vem sem fim entre o numinoso e sua inscrição na vida cotidiana. Isso é a "teopatia", que não precisa de palavras que enclausuram. Enclausuramento próprio da negação como mecanismo de defesa diante do aspecto extremamente inquietante da singularidade divina!

Conforme a tradição, a sabedoria popular e filosófica reconhece, como observou Plutarco a respeito de Coriolano, que "nem nossa alma, nem a própria divindade podem formar sons articulados, discursos prolongados sem um corpo provido de todos os órgãos da fala"[42]. O que só pode

---

41. Ver G. Durand, *La Foi du cordonnier* (1984), prefácio de F. Bonnardel, reedição. Paris: L'Harmattan, 2014. [*A fé do sapateiro*. Tradução de Sérgio Barth. Brasília: Editora da UnB, 1995.]

42. Plutarque, *Vie des Hommes Illustres*. *Coriolan*. Paris: Charpentier, 1861, tomo I, p. 542.

significar que o *modus operandi* característico da existência é muito diversificado. Em seu aspecto funcional, é a discursividade que prevalece. Ocorre exatamente o contrário quando se trata do *magnum mysterium* da relação com o que não é aparente para os órgãos da visão e, consequentemente, não é dizível pelos órgãos da fala.

Se retomarmos o termo de Diógenes Laércio, o *organon*[43], o instrumento da comunicação, ou seja, da relação com o mundo, com os outros, com o Outro, não poderia ser mais variável. A ordem do amor escapa ao controle do instrumento habitual: nele a comunicação não verbal é essencial. O mesmo ocorre na relação com o mistério do invisível. O que Huysmans denomina a "radiosa beleza da Teofania"[44]. Nesse sentido, o instrumento da lógica habitual não tem mais função. O que parece prevalecer, então, são as formas da admiração, da contemplação, do silêncio que fala.

Esses são certamente momentos particulares. Momentos nos quais o ser humano se recorda do *puer aeternus*, adormecido em seu interior. Essa não é uma das características da criança: *infans*, ela não fala. Confrontada com o mistério,

---

43. Primeira tentativa da filosofia de definir os princípios da reflexão justa que deveria comandar a ética da política. *Organon* significa instrumento ou ferramenta, pois a lógica é considerada o instrumento por excelência da filosofia. Os famosos silogismos aristotélicos são exemplo disso. O *Organon* compõe-se de seis obras de autoria de Aristóteles (384-322 a.C.). Formulados por Platão e retomados por Aristóteles, são três os regimes que regem a vida política: monarquia, o poder de um só; aristocracia, o poder dos "melhores"; democracia constitucional, o poder da maioria. Quando esses três regimes são pervertidos, o interesse geral deixa de ser considerado prioritário para a governabilidade da *polis*. [N.Ts.]

44. J. K. Huysmans, *L'Oblat*, Paris: Stock, 1903, p. 185.

ela permanece boquiaberta. O que é também, repito, uma forma de celebração. Seria necessário falar mais sobre isso, mas os rituais litúrgicos, com seus aspectos repetitivos, são uma maneira silenciosa de expressar a admiração. Até mesmo São Tomás de Aquino, autor da *Suma Teológica*, evoca isso na *Suma contra os gentios*:

> A essas verdades de fé que não se tornariam perceptíveis senão na própria visão de Deus, a razão humana encontra acesso por meio das analogias [...]. Mas, para isso, não tenha a pretensão de penetrar o mistério, para essa imersão na verdade sem limites, a primeira condição é compreender que ela ultrapassa qualquer compreensão.[45]

Existem momentos em que a Razão deve admitir que as analogias, as metáforas e outras imagens podem ajudar na compreensão global da divindade. Em seu livro, *A Vida de São Tomás de Aquino*, Guilherme de Tocco revela que certo dia o santo atirou tudo o que estava escrevendo no chão e exclamou: *Sicut palea*, "isso tudo é como palha". Esse fato aconteceu em dezembro de 1273, o "doutor angélico" iria morrer alguns meses depois, em 7 de março de 1274, sem ter voltado a escrever, deixando sua *Suma Teológica* inacabada. Tudo é símbolo!

---

45. São Thomas de Aquino, *Suma contra os gentios*, livro 1º, capítulos 5 e 8.

O IRREVELADO OU A IGREJA INVISÍVEL

*Coloque-se sempre no mais ínfimo
e o mais alto lhe será concedido.*

Thomas A. Kempis,
A Imitação de Cristo, Livro II, capítulo 10

O terceiro mandamento – "Não pronunciarás o nome de Deus em vão" – encontra na teologia, e de maneira mais ampla na abordagem apofática, um lugar de destaque. A lei do segredo, da qual tenho falado há muito tempo, é uma estrutura antropológica encontrada em inúmeras culturas. Com efeito, o inefável é o cimento que assegura a coesão do viver junto.[1] O oculto, ou o não revelado, garante o fundamento do que é dito. É bem verdade que o termo "apócrifo" adquiriu uma conotação de falsidade. O que ocorreu igualmente com os evangelhos "apócrifos". Esse termo, entretanto, ressalta o simples fato de que certos elementos da compreensão do divino não são acessíveis a

---

1. Ver M. Maffesoli, "La loi du secret", in *Le Temps des tribus. Le déclin de l'individualisme dans les sociétés postmodernes* (1988), reedição. Paris: La Table Ronde, 2000, p. 164. [*O tempo das tribos. O declínio do individualismo nas sociedades de massa*. Tradução de Rogério de Almeida e Alexandre Dias. 5ª edição. São Paulo: Forense Universitária, 2014.]

todos; são reservados a alguns poucos felizardos.

O esoterismo é pura e simplesmente a doutrina das coisas interiores (*esoteros*), que alguns podem alcançar. Trata-se de uma temática frequente em todas as tradições religiosas (ver Isaías 4:5)². Um véu jamais totalmente retirado. Verdades reveladas apenas parcialmente.

Resta dizer que a clareza perfeita só é indispensável no contexto preciso de relações funcionais com os outros. Deus, por sua vez, precisa de uma abordagem bem mais prudente. Como já foi dito, o fluxo possui uma fecundidade própria. O que Max Scheler denominava *ordo amoris* se inscreve plenamente em um dinâmica do oculto. Do irrevelado pode surgir a intencionalidade afetiva do sentimento. O "movimento do coração é um ato espiritual". Não é de surpreender, portanto, que esse "Eros criador"³ participe de uma dialogia na qual velamento e desvelamento culminam nesse "Amor em Deus" (Santo Agostinho), fonte inesgotável da qual a mística e a teologia apofática se nutrem.

No irrevelado existe algo ctônico. O silêncio do telúrico é uma maneira de tornar *a transcendência imanente*. Deus é então tudo para todos e para todas as coisas. Razão pela qual, por vezes, a mística e o gnosticismo popular foram acusados de panteísmo e, até mesmo, de henoteísmo: o divino defletindo-se em todos os elementos da criação. Na verdade, a transcendência imanente, presente em tal irrevelação, é uma

---
2. "O Senhor criará sobre o Monte Sião e sobre aqueles que se reunirem ali uma nuvem de dia e um clarão de fogo de noite." (Isaías 4:5) [N.Ts.]
3. M. Scheler, "Ordo amoris", in *Six essais de philosophie et de religion*. Fribourg: Presses Universitaires de Fribourg, 1998, p. 37.

maneira de expressar a encarnação eterna da divindade. Ela está presente na fulgurante visão dos místicos, é vivenciada cotidianamente pelo gnosticismo em uma religiosidade que, sem muitas distinções, alia o culto da dulia[4], direcionado aos santos, o da hiperdulia, reservado à Nossa Senhora, e o da latria à Santíssima Trindade, ou seja, a Deus.

A esse respeito podemos retomar uma distinção desenvolvida pelo Cardeal Newman, em *Grammaire de l'assentiment* [*Ensaio a favor de uma gramática do assentimento*][5], entre o assentimento nocional que damos à verdade e o assentimento real. O primeiro é a culminação de um raciocínio abstrato; o segundo baseia-se em uma "conaturalidade" entre o sujeito e o objeto em função da experiência vivida. É o próprio enraizamento da natureza, ou seja, o que ela tem de oculto. Não é partir de uma densa atmosfera telúrica que os inquietantes sonhos da espécie humana sempre ascendem aos céus? Essa ascensão, porém, se faz muito mais por suspiros, murmúrios, visões e outras formas veladas e fluidas do que por uma discursividade que se considera eficaz.

Essa preocupação constante com o oculto pode ser associada à observação que o esotérico Sâr Peladan fez a Frédéric Mistral a respeito do trevo, planta que expressa "simbolicamente a ideia da palavra autóctone, do desenvolvimento local, de crescimento lento, em um lugar sempre

---

4. Dulia é um termo teológico originado do grego que significa "a honra e o culto de veneração aos santos e anjos da guarda". [N.Ts.]

5. J. H. Newman, *Grammaire de l'assentiment* (1870). Paris: Ad Solem, 2010. [*Ensaio a favor de uma gramática do assentimento*. Tradução de Artur Morão. Lisboa: Assírio & Alvim, 2005.]

igual"[6]. Ao contrário da abstração racionalista característica de um catolicismo protestantizado, a palavra autóctone, audaciosa, que poderia parecer herética, evoca o mistério da encarnação, ressaltando que é a partir da irrevelação presente nesta terra (*auto-chtonos*), do aspecto oculto de uma vida humilde, que se eleva o canto contemplativo da espécie humana. Isso é a transverberação!

Seria abusivo comparar o caráter secreto-oculto de toda abordagem autêntica com os buracos negros que chamaram a atenção da astrofísica contemporânea? Metáfora perfeita da intensificação de um objeto celeste capaz de criar reservas energéticas. Característica da conduta mística, a abstenção discursiva implica uma condensação dos sentidos (da significação). Ao reconhecer a necessidade do que é obscuro, essa espécie de "buracos negros" semânticos nutre constantemente a religião cotidiana.

O poema *A Noite Escura da Alma*, de São João da Cruz, demonstra muito bem a ascensão da alma a Deus a partir da noite espiritual.

> Deus é a palavra para designar para onde tende a alma: como Ele é incompreensível e infinitamente perfeito, pode-se muito bem designá-Lo como uma noite obscura para a alma nesta vida.[7]

A noite, paroxismo do que é velado, é, portanto, a condição de possibilidade de ascensão em direção ao

---
6. F. Mistral, *Mes origines. Mémoires et récits*. Paris: Plon, 1906, p. 5.
7. Saint Jean de la Croix, *La Montée du Carmel*, in *Œuvres spirituelles*. Paris: Seuil, 1947, p. 30.

mais-Ser, para o qual tende a energia espiritual. Em toda atitude apofática, existe uma relação entre a lei do segredo e o discernimento (*discretio*); a primeira estabelece o dinamismo do segundo. Na verdade, a "noite obscura" que o místico celebra permite de fato uma desconexão. É preciso compreender essa desconexão em seu sentido mais amplo: a perda do pequeno eu individual em prol de um Eu mais vasto, no nada da deidade.

A capacidade de distanciamento induzida pela aceitação da noite é uma espécie de *primeiro degrau*[8] que conduz a uma compreensão mais profunda do Princípio Primordial. O discernimento permite a visão ou compreensão intuitiva do Ser em sua totalidade. De qualquer modo, uma ontologia do todo, pois, para além das determinações lógicas, "Deus não é nem bom, nem melhor, nem o melhor. Quando afirmo que Deus é bom, também quero dizer mau, como se eu chamasse de negro o que é branco"[9].

Isso seria compreender o Ser em sua totalidade, sem determinação, ou seja, sem limites. De fato, para os romanos, a *determinatio* era a fronteira que delimitava um

---

8. No original, *œuvre au noir*. O autor refere-se à novela de Marguerite Yourcenar (1903-1987) *A obra em negro*, que trata da vida e da morte de Zenão, físico, filósofo, poeta, empenhado em atingir a *Magnus opus* alquímica. Para alcançar esse objetivo, existem degraus ou etapas a serem vencidos. O entrecho da narrativa, que se passa em Flandres, explicita o teor dessas fases. A primeira delas – o primeiro degrau – é a mais difícil de todas, pois implica a dissolução de qualquer tipo de substancialidade. O livro foi traduzido em várias línguas e recebeu o Femina, um dos maiores prêmios literários da França. [*A obra em negro*. Tradução de Ivan Junqueira. Rio de Janeiro: Nova Fronteira, 2014.] [N.Ts.]

9. Maître Eckhart, *Traités et Sermons*. Paris: Aubier-Montaigne, 1942, p. 263. Ver também Maître Eckhart, *Du détachement*. Paris: Rivages, 1995, e *Discours du discernement*. Paris: Arfuyen. 2003.

campo. Em lógica: é o que limita delimitando. O que atribui as características e precisa as modalidades. A visão mística, por sua vez, empenha-se em ver infinitamente, em "mostrá-lo" em sua monstruosa singularidade.

O que o oculto, o velado, o secreto (e se poderiam multiplicar as metáforas), ou seja, o que o não aparente revela é a inversão de polaridade em movimento. No decorrer das histórias humanas, quando se fecha o parêntese moderno, o espiritual, que era a marca da pré-modernidade, readquire força e vigor. O magnetismo não é mais exercido pela soberania da Razão, da qual a Reforma Protestante foi a propagadora, mas sim por um componente emocional, vetor essencial da tradição católica.

Como especifiquei em escritos anteriores, o não racional não é o irracional. Ele possui sua razão própria, origem do oximoro "razão sensível"[10], outra maneira de reatualizar o conhecido pensamento de Pascal: "O coração tem razões que a própria razão desconhece" (fragmento 397)[11]. Em retórica, trata-se de uma diáfora que enfatiza a diversidade semântica de um termo: isso significa que a razão tem significações múltiplas e complementares.

Não nomear Deus com precisão significa não "determiná-Lo" e, por isso mesmo, não o limitar, o que constitui a essência do gnosticismo erudito ou popular: evocar a

---
10. M. Maffesoli, *Éloge de la raison sensible* (1996). Paris: La Table Ronde, 2005. Collection Poche. [*Elogio da razão sensível*. Tradução de Albert Christophe Stukerbruck. Petrópolis: Vozes, 1998.]
11. Edição brasileira: Blaise Pascal, *Pensamentos*. Tradução de Mario Laranjeira. Revisão técnica de Franklin Leopoldo e Silva. São Paulo: Martins Fontes, 2005. [N.Ts.]

força do espírito. O sentido do irrevelado evidencia a *força espiritual* em oposição ao *poder* do materialismo. Evidentemente, o "sentido" do irrevelado não remete a uma finalidade qualquer, mas a uma significação que, em si mesma, é suficiente. A respeito da liturgia, Romano Guardini afirma: *zwecklos aber Sinnvoll*[12]. A tradução dessa frase poderia ser: sem propósito, mas pleno de sentido? De qualquer modo, esse "sentido sem sentido" expressa bem a absorção do espírito na contemplação. Um "buraco negro" semântico que favorece a glorificação da união do espírito e do corpo em sua inteireza. Não mais a retração a um princípio de realidade econômica: a economia da salvação individual, fundamento da economia política, mas a ascensão a um Real bem mais vasto, o da deidade em seu valor indefinido, portanto, infinito.

A atitude apofática implica uma auscultação rigorosa do irrevelado. Do que Heidegger denomina lindamente *Verbergung*, o que é impenetrável, oculto, o que abriga o Ser. Ao longo de sua obra, esse autor afirma que a verdade, *aleteia*, é um processo infinito de desvelamento. Daí a necessidade da irrevelação, que é a razão de ser do desvelamento. O que a sabedoria popular expressa à sua maneira quando sugere que "não é bom dizer toda a verdade".

A dialogia entre a ocultação e a desocultação é uma maneira de celebrar o sagrado. "Sentimos falta de Deus e do divino, isso é uma ausência. A ausência em si não sig-

---

12. R. Guardini, *L'Esprit de la liturgie* (1918). Paris: Plon, 1960; Parole et Silence, 2007. [*O espírito da liturgia*. Tradução de F. A. Ribeiro. São Paulo: Cultor de Livros, 2018.]

nifica nada, ela é uma presença."¹³ Ausência-presença que o pensador poderia designar como uma "espera de Deus".

Uma espera do divino como *Urgrund*, na expressão da fenomenologia, o sol originário a partir do qual se pode preparar a peregrinação em busca de uma verdade sempre em transformação.

Para compreender um Ser desconectado de qualquer determinação muito precisa, a atitude apofática, por sua vez, se desconecta do procedimento conceitual. Segundo Mestre Eckhart, em uma espécie de empatia amorosa ela reconhece, então, que "a desconexão perfeita está tão próxima do nada que entre ele e o nada não poderia existir nada"¹⁴. Nessa acepção, o nada não é o nada, ele é o que permite a emergência do Ser. No fundo isso quer dizer que o Ser é fonte original de tudo o que existe.

Existe um fundamento secreto necessário a qualquer desvelamento da verdade. Ele é como uma *centralidade subterrânea*, igualmente irrefutável a qualquer instituição humana. O substrato que evita sua decadência e, ao mesmo tempo, assegura sua sobrevivência no longo prazo. No começo da Era Cristã os detratores do que posteriormente foi denominado Igreja das Catacumbas já se referiam aos cristãos como *gens lucifuga*, ou mais precisamente a raça que fugia da luz.

Uma metáfora talvez injuriosa, mas sugestiva. Ela indica que o fio condutor (o fio que não se enxerga na tessitura da

---
13. M. Heidegger, *Essais et Conférences*. Paris: Gallimard, 1958, p. 220. [*Ensaios e conferências*. Tradução de Emmanuel Carneiro Leão, Gilvan Fogel e Marcia Sá Cavalcante Schuback. Petrópolis: Vozes, 2002.]
14. Maître Eckhart, *Du détachement*, Paris: Rivages, 1995, p. 49 e ss. Ver também Reiner Schürman, *Maître Eckhart ou la joie errante*. Paris: Denoël, 1976.

urdidura) é o segredo que relativiza a luz da Razão. Ou que, de qualquer modo, completa a Razão com outros elementos não menos importantes. Essa estruturação secreta talvez seja o que assegura a perduração de uma instituição essencialmente perecível. Desse ponto de vista "a Igreja Invisível" ou a "Igreja Interior" seria composta pelos guardiões das Escrituras.

Existe um aspecto, quase sempre esquecido e que, no entanto, merece atenção: ele se refere à religiosidade de base, à Igreja Invisível que reencanta um mundo desencantado. De fato, o que é sempre atual em toda instituição humana senão a constituição de verdadeiras sociedades secretas, nas quais se reforça o laço de interação que faz de cada um o que é a partir de uma relação existencial primordial. *Primum relationis!*

O filósofo George Simmel[15] demonstrou muito bem que essas sociedades secretas eram a pedra de toque de toda verdadeira socialidade. De minha parte, insisti no fato de que a "lei do segredo" era uma boa ferramenta metodológica para compreender a realidade interior das tribos pós-modernas e o processo de complementaridade no qual elas se fundamentam. Essa sociedade clandestina que sempre escapou dos poderes estabelecidos e que, igualmente, sempre foi perseguida por eles.[16]

Esse fenômeno societal, no qual o segredo desempenha um papel de destaque, que na expressão de Goethe

---

15. Ver Antonio Rafele, *La metrópole: Benjamin et Simmel*. Paris: CNRS Éditions, 2010.
16. Ver G. Simmel, *Secret et Sociétés secrètes*. Paris: Circé, 1991, e M. Maffesoli, *Le Temps des tribus* (1988), op. cit.

evidencia as "afinidades eletivas"[17], é agora uma realidade incontornável, mesmo para aqueles que, com desprezo ou com amargura, foram seus detratores mais acirrados. O assunto parece esclarecido! Não se pode mais negar, a não ser para lamentar seus efeitos, que a tendência é a de só existir em relação ao outro. Segundo o adágio da mística renana aplicado à deidade: *ich bin du, wenn ich bin*, "eu sou você quando sou [eu]", ocorre hoje em dia o ressurgimento desse tipo de interpenetração das consciências. Exceto que a deidade em questão será a comunhão comunitária, a comunhão com a natureza, ou mesmo o fato de sermos obcecados pelos objetos técnicos. Em todos esses casos existe uma espécie de possessão, que faz com que só sejamos nós mesmos em função da alteridade; que só existimos a partir do olhar do OUTRO.

Sem sombra de dúvida, na organização societal tudo isso tem consequências: a moralidade das sociedades contratuais perde sua eficácia nas comunidades afetivas. Talvez seja essa a origem da necessidade de se referir a algumas dessas formas arcaicas pelas quais se expressava essa antiga fraternidade que unia as pessoas entre si.

Essa é uma temática constante que, como um fio condutor, percorre todas as sociedades. Exceto que em dados momentos ela readquire força e vigor. No século XIX, Schelling, Hegel, Hölderlin, entre outros, foram "afetados", cada um à sua maneira, por essa ideia de

---
17. Edição brasileira: J. W. von Goethe, *As afinidades eletivas*. Tradução de Tercio Redondo. São Paulo: Companhia das Letras, 2014. [N.Ts.]

uma "Igreja Invisível", que, ao lado, para além e para aquém das instituições positivas regulares, unia as pessoas íntegras, de coração, autênticas em suas relações com os outros – verdadeiro lar sobre o qual a sociedade visível e as instituições que a representavam podiam existir. Sem dúvida alguma, uma visão romântica, mas que pode servir de base para a distinção entre uma moral para todos, que define a regra comum, e uma deontologia (ética), expressão da vida ativa, capaz de integrar elementos aparentemente contraditórios como o bem e o mal, o belo e o feio, o anômico e o canônico. Hegel foi sempre fiel a isso quando aconselhava a filosofia a renunciar "à pretensão de ensinar como o mundo deve ser". Sábia precaução que se originou diretamente de uma forma de tolerância característica dos protagonistas do Iluminismo que, como Eckartshausen, se empenhavam em proteger a "Igreja Interior" contra as constantes usurpações das formas instituídas, sempre potencialmente inquisitórias.

Talvez o sociólogo Franco Ferrarotti em seu ensaio *Le retour du sacré: vers une foi sans dogme* [O retorno do sagrado: para uma fé sem dogma] deva ser compreendido assim, quando se refere a Durkheim como um "moralista ardoroso" que não acredita nas moralidades habituais.[18]

Essa "invisibilidade da Igreja" teve origem na Re-

---

18. Ver F. Ferrarotti, *Le retour du sacré: vers une foi sans dogme*, Paris: Méridiens Klincksieck, 1993, p. 156. Ver também J. D'Hondt, *Hegel*. Paris: Calmann-Lévy, 1998, p. 97, e Hegel, *Principes de la philosophie du droit*. Paris: Gallimard, 1957, p. 57. [*Princípios da filosofia do direito*. São Paulo: Martins Fontes, 1997.] Sobre o Iluminismo, ver A. Faivre, *Eckartshausen et la théosophie chrétienne*. Paris: Klincksieck, 1969, p. 13.

forma Protestante e seu objetivo era protestar contra os excessos cometidos por uma instituição corrompida por estar há muito tempo no poder. Embora Lutero – com seus protestos fora de moda e a anarquia que encorajavam – tenha se empenhado em frear os entusiasmos reformadores, o exemplo de Thomas Muntzer, em Münster[19], por seus próprios excessos, ilustra perfeitamente a forte carga ética de que se revestiam as práticas que a moral racional certamente reprova.[20]

Promiscuidade sexual, comunhão de todos os bens, desprezo pelo mundo mercantilista, execração do dinheiro serão as principais características da Igreja Invisível, da sociedade dos puros, que pretendia organizar a vida em Münster. O paroxismo de suas ações determinou a repressão da "guerra dos camponeses", mas, como sempre, a exacerbação pode nos ajudar a compreender as excitações, as efervescências, as práticas alternativas que interpenetram profundamente os modos de ser e de pensar pós-modernos. Nos fenômenos históricos que acabamos de discutir, bem como na situação contemporânea, o que está em jogo é o que se pode chamar de uma mística da ligação. Estar ligado ao mundo e aos outros em uma reversibilidade infinita.

Essa ligação não tem meta precisa, nem finalidade. Esse é o propósito essencial da moral racional e do laço

---

19. Münster é uma cidade federal da Renânia do Norte-Vestfália, Alemanha. Denominada ainda hoje "A cidade da paz", foi sede de vários encontros diplomáticos e políticos cujo intuito era selar a paz europeia após as guerras. [N.Ts.]
20. Ver E. Bloch, *Thomas Muntzer, théologicien de la révolution*. Paris: UGE, 1964. Ver também sobre "a invisibilidade" protestante, P. Chenaux, *Entre Maurras et Maritain*. Paris: Cerf, 1999, p. 119.

social que ela pretende estabelecer. O comentário de Georg Simmel pode ser aplicado à Igreja Invisível. Para Simmel, "as próprias noções de finalidade e de sentido de modo algum implicam reciprocamente uma na outra. Podemos não aceitar que a história seja orientada para algum fim, mas, mesmo assim, encontrar nela um sentido".

Ferrarotti pode ser compreendido desse modo quando relembra que essa Igreja Invisível é precisamente "a interiorização de qualquer decisão relativa ao cosmo, considerado como sagrado". Imanentismo do qual a atualidade nos oferece muitos exemplos.[21]

Dar sentido ao que não tem sentido (finalidade) – é o que está em jogo como constante antropológica nessa metáfora da Igreja Invisível. É também o que permite explicar o poder espiritual do ideal comunitário em geral.

Constante antropológica significa uma maneira de ser, de pensar e de organizar o que sob designações diversas reafirma a mesma coisa: a força do espírito contra a palavra. Uma mutação dos costumes, das ideias, dos sentimentos, uma troca de "pele" social baseada em uma concepção quase mística do mundo. Isso pode parecer surpreendente uma vez que o racionalismo se apresenta como uma conquista insuperável. Entretanto, nas histórias humanas esses fenômenos são frequentemente observados. Um desprezo total pelas doutrinas morais quaisquer que sejam elas. Jean-Marie Guyau, um pensador tão pouco

---

21. G. Simmel, *Les Problèmes de la philosophie de l'histoire*. Paris: PUF, 1984, p. 190. Ver também F. Ferrarotti, *Le retour du sacré: vers une foi sans dogme*, Paris: Méridiens Klincksieck, p. 121.

lembrado, foi quem ressaltou a importância da anomia na dinâmica das sociedades.[22]

Existe um paradoxo do sagrado. O sucesso de certos livros, como *Anjos e demônios*, de filmes, como *Harry Potter*, sem esquecer a evolução da música "techno"[23] ou da música "gótica", é uma lembrança de que a demonologia e outras inversões dionisíacas são problemas da atualidade que nos impõem um verdadeiro desafio epistemológico.

Não desagrada aos diversos positivismos – e eles são muitos – o fato de existir uma dimensão esotérica das coisas. De acordo com as tradições, elas podem ter nomes diferentes, mas a realidade estrutural é idêntica. Desse modo, no catolicismo, ao lado da Igreja Oficial, ao lado da Igreja de Pedro, que privilegia o poder, a instituição, a inscrição no mundo temporal, encontra-se a Igreja de João, que insiste no poder do espírito.

Esse *philum* "joânico" será encontrado nos cultos de mistérios, na mística, nas corporações de ofício, na franco-maçonaria espiritual e em outras sociedades secretas. Foi isso que anteriormente denominei "centralidade subterrânea", ou ainda a "socialidade", que integra as dimensões oníricas, imaginárias, lúdicas, imateriais da vida mundana, contra o aspecto puramente "positivo" de

---

22. Ver J.-M. Guyau, *Esquisse d'une morale sans obligation ni sanction* (1885). Paris: Félix Alcan, 1935. E também F. Ferrarotti, *Le Paradoxe du sacré*. Bruxelles: Les Éperonniers, 1987.
23. Ver Lionel Pourtau, *Techno, vol.1: Voyage au cœur des nouvelles communautés festives* (2009); *Techno, vol.2: Une subculture en marge*. Paris: CNRS Éditions, 2012; e S. Hampartzoumian, *Effervescence Techno*. Paris, L'Harmattan, 2004.

um social racional e contratual. A religiosidade contemporânea, o sincretismo filosófico, o relativismo teórico, o gnosticismo popular, certamente se inscrevem nesse tipo de perspectiva.[24]

Carl Schmitt ressalta o aspecto complexo do ser eclesial, observando que ele se baseia em uma "pneumatologia".[25] Em resumo, o que assegura a solidez e talvez a perduração da Igreja é seu aspecto invisível, imaterial, até mesmo "vaporoso". O laço (o que religa) de um conjunto simples pode ser uma moral normativa. Quando esse laço constitui um conjunto complexo, ele exige uma ética "situacional": uma deontologia.

A deontologia é uma arte de fazer, uma arte de viver sem proposições formuladas antes nem preconceitos. Trata-se de se ajustar ao momento vivido. Consequentemente, é uma maneira de socializar que não vem do exterior, de caráter abstrato, racional, mas que utiliza o procedimento "iniciático". Esse procedimento apoia-se em um fundamento sensível. Muito próxima de sua etimologia, *inire*, a iniciação consiste, de um lado, em "pedir proteção", ou seja, entrar em um processo de reversibilidade com a natureza – a natureza simplesmente não se domina, se consulta – e, de outro, trata-se de "conectar-se com ela". De uma perspectiva erótica é exatamente isso! Tanto em um caso como no outro, a paixão, a emoção, ou seja, o

---

24. Ver Patrick Tacussel, *L'Imaginaire radical: les mondes possibles et l'esprit utopique selon Charles Fourier*. Paris: Les Presses du Réel, 2007.
25. Ver T. Paléologue, *Sous l'œil du Grand Inquisiteur: C. Schmitt et l'héritage de la théologie politique*. Paris: Cerf, 1999, p. 43, e C. Schmitt, *Ex captivitate salus*. Paris: Vrin, 2003, p. 255.

orgiasmo desempenham seu papel nesse Real simbólico que é o estar junto!

Como já mencionei anteriormente, tratava-se de uma constante antropológica, que implicava um irrefutável "*phylum* joânico". A título de ilustração, podemos nos referir aos irmãos e irmãs do Livre Espírito[26], que no século XIII escandalizaram e inquietaram a Igreja institucional.

Em 1310, a mística Marguerite Porète foi queimada viva na Place de Grève, em Paris, exatamente por fazer a distinção entre a Igreja institucional e a Igreja do coração. Ou ainda entre a "Santa Igreja, a Grande", governada pelo amor, e a "Santa Igreja, a pequena", a da moral, dos ritos esclerosados, governada unicamente pela razão.

Os homens e mulheres desses grupos afirmavam não se sentir mais submetidos à mediação clerical, as obras e virtudes comuns lhes pareciam supérfluas. Para eles, a moral, particularmente no campo sexual, era ultrapassada. O Livre Espírito conduzia à libertinagem.[27] Em seu sentido sociológico, o termo é anômico. Com seus membros incriminados, perseguidos, caçados, com frequência queimados vivos, o Livre Espírito, por meio da deificação que propõe ("eu me tornei Deus": *ich bin Gott geworden*) pode esclarecer a religiosidade panteísta que ressurge atualmente. As diversas técnicas do *New Age* contemporâneo, o "Self" junguiano, e outras referências a Gaia encontram seus ancestrais apropriados no Livre Espírito.

---

26. Movimento leigo cristão que floresceu na Europa nos séculos XIII e XIV. [N.Ts.]
27. Ver B. Beyer de Ryke, *Maître Eckart*, Paris: Entre Lacs, 2004, p. 67 e 72-73.

Por outro lado, não deixa de ser interessante notar que um historiador como Norman Cohn, ou um observador experiente de nossas sociedades, como Raoul Vaneigem, tenham dedicado uma atenção particular a esses grupos anômicos. Ambos ressaltaram, particularmente, a promiscuidade na qual esse grupo vivia, os mecanismos de êxtase que os ligavam entre si, a vida vivida em conventículos denominados "paradisi", que constituíam sociedades clandestinas alternativas à sociedade oficial.[28]

Nesse caso ainda o que importa são as "situações", ou melhor, os momentos intensos que asseguram o laço (o que religa) social. Diga-se de passagem que o sucesso do romance de Umberto Eco e do filme que derivou dele, no qual os frades desempenham um papel importante, pode ser considerado como a expressão da fascinação exercida pelo panteísmo tribal, o hedonismo presenteísta desses grupos anômicos.

O que está em questão na ética deontológica é exatamente uma sociedade de frades. Mais uma vez, isso pode ser ilustrado com um exemplo histórico. Um desses casos paradigmáticos que no longo prazo deixa vestígios indeléveis na memória coletiva. Momentos nos quais se opera uma inegável inversão de todos os valores e, com isso, tem início uma nova maneira de existir com o outro.

De qualquer modo, é interessante notar que nesses momentos não é simplesmente em função das ideias, mas

---

28. Ver R. Guarnieri, *Dictionnaire de spiritualité*, tomo V, col. 1241-1268. Ver também R. Vaneigem, *Le Mouvement du Libre Esprit*. Paris: Ramsay, 1986, e N. Cohn, *Les Fanatiques de l'Apocalypse*, Paris: Julliard, 1964.

muito mais das paixões, das emoções, até mesmo das manias, que a existência individual e social se organiza. "Manias", no sentido do hábito que permite se acomodar à vida e faz com que se saiba também se acomodar à sua própria vida. Desde São Tomás de Aquino até Oswald Spengler, o papel do *habitus* foi pensado como um ajustamento ao seu ambiente natural e, consequentemente, ao seu ambiente social.

Esse ajustamento pode ser encontrado no que René Nelli, em seu ensaio *L'Érotique des troubadours* [A erótica dos trovadores], denomina irmandade, uma tradução da palavra italiana *affratellamento*, com a qual os historiadores e etnólogos designavam as amizades masculinas que regularmente pontuam as histórias humanas.

É instrutivo notar a estreita relação que se observa entre esse tipo de "irmandade" e a decadência dos aparelhos de Estado. Instrutivo e esclarecedor notar também que a saturação da Lei do Pai, lei vertical, favorece a lei dos irmãos, que é horizontal. Pode-se observar inclusive que essa mudança "topológica" pode nos ajudar a compreender a multiplicação e o funcionamento das sociedades secretas e das tribos contemporâneas que, por sua vez, são essencialmente horizontais.

Uma característica, entre tantas outras, dessa irmandade é o reconhecimento que se faz pela troca do sangue (*adoptio in fratem*). Trata-se de uma comunhão anômica, na qual, graças ao símbolo do sangue, o corpo como um todo, o sensível, é reconhecido e, de certa forma, sacralizado. Sede da vida, o sangue é uma maneira de celebrar a irresistível vitalidade do mundo. No que denomina "terceiro termo", ou a comunidade reencontrada, Ferrarotti demonstra lindamente que "o sagrado se impõe como uma necessidade de significação metaindividual que dá um sentido e uma orientação ao próprio indivíduo"[29]. Não se poderia explicar de melhor maneira a irmandade! De fato, existe na irmandade algo muito natural, animal, até mesmo pagão. Uma sensibilidade "ecosófica" que, como um fio condutor interpenetra a vida das sociedades e que, em determinados momentos, é reconhecida como tal. Esse "animismo" baseia-se em processos de *correspondência*. Pertence à ordem da ligação: estar ligado aos outros, ao mundo, ter confiança nos outros, no mundo.

Como indiquei anteriormente, a essência do catolicismo é a ligação da Igreja visível e da Igreja invisível, enquanto o cristianismo, em seu aspecto racionalizado (protestantizado?) seria, ao contrário, a separação. Observação judiciosa, uma vez que a relação do visível e do invisível é muito mágica, pagã. Nessa concepção do catolicismo existe uma perduração politeísta.[30] Mencionei também a veneração da Virgem, à qual se deve um culto de hiperdulia, a dos santos, aos quais se dedica um

---

29. Ver F. Ferrarotti, *Le Paradoxe du sacré*. Bruxelles: Les Éperonniers, 1987, p. 102. Ver também R. Nelli, *L'Érotique des troubadours*, Paris: UGE, série 10/18, 1974, tomo II, p. 206 e 208.
30. Ver T. Paléologue, *Sous l'oeil du Grand Inquisiteur: C. Schmitt et l'héritage de la théologie politique*. Paris: Cerf, 1999, p. 39. Sobre o "batismo" dos cultos pagãos, ver G. Durand, *La Foi du cordonnier*, op. cit. Sobre o mesmo processo referente às divindades fecundadoras, ver M. Maffesoli, *L'Ombre de Dionysos. Pour une sociologie de l'orgie* (1982). Paris: CNRS, BIBLIS, 2012.

culto de dulia, sem esquecer os diversos rituais litúrgicos de harmonias arcaicas: a festa das rogações; o Natal e o solstício de inverno; o solstício de verão e a liturgia de São João; o Dia dos Mortos como eco do *samhain*[31] celta (lista que se poderia continuar à vontade), tudo isso evoca as perdurações do animismo pagão, que receberam nomes mais ou menos parecidos nas formas católicas.

Isso porque elas relembram como o laço social pode por vezes se elaborar de uma maneira horizontal (irmandade) a partir de um enraizamento no lugar em que se elabora essa fraternidade (animismo): o lugar estabelece o laço!

Poderíamos fazer referência à *Burschenschaft*, confraria de estudantes, ou ao *Männerbund*, na Alemanha, à *Açabiyya*, solidariedade das tribos árabes, da qual fala Ibn Khaldun, mas basta indicar que a metáfora da Igreja Invisível sugere que a constituição das sociedades também pode se fundar na perda de si no outro. A perda do eu no Eu. A desconexão em relação ao eu individual fortalece a ligação com o Outro da tribo, da natureza, da deidade. Será isso que Émile Durkheim denomina o "divino social", e Auguste Comte designa como o "Grande Ser"?

A indiferença em relação às formas institucionais passa a ser então uma maneira de se abrir para as diferenças constitutivas de um pluralismo complexo. De uma perspectiva como essa, os laços reais são estabelecidos a

---

31. Festival celta comemorado entre 31 de outubro e 1º de novembro. O *samhain* marcava o fim da colheita e o início do inverno. Acreditava-se que nessa noite as almas dos mortos retornavam para visitar seus familiares e, por isso, ofereciam-se alimento e bebidas para eles do lado de fora das casas. [N.Ts.]

partir de laços possíveis. O material só existe em função do imaterial. Isso significa que, ao contrário da ideologia do domínio de si e do mundo, uma lógica da dominação que caracterizou a modernidade, é possível considerar que a vida social se baseia em instintos comuns, em forças invisíveis da memória coletiva. Ou seja, em um pré-individual como substrato de toda a sociedade.

Para elaborar suas Leis da Imitação, Gabriel Tarde se baseou na leitura dos místicos (de Thomas A. Kempis e Teresa D'Ávila).[32] É característico da mística reiterar que podemos ser solitários sendo solidários. O solitário não é alguém isolado, mas em constante comunhão com o Outro (grupo, deidade, natureza).

O mimetismo tribal ou comunitário contemporâneo pertence à mesma ordem. Ele evidencia a correspondência social e cósmica no acordo entre o ambiente e as solidariedades de base. Ele (re)valoriza as comunhões de todos os tipos: festas, música, esporte, manifestações diversas. E relembra que a religiosidade é indispensável quando se trata de pensar e de viver a relação social.[33]

Pode-se afirmar que a socialidade pós-moderna é a versão contemporânea da antiga "Comunhão dos Santos". Ou seja, por intermédio das mídias tecnológicas, como a internet, estamos misteriosamente unidos ao outro para além do espaço e do tempo.[34]

---

32. Ver J. Millet, *Gabriel Tarde et la philosophie de l'histoire*. Paris: Vrin, 1970, p. 145.
33. Ver Philippe Joron, *La Fête à pleins bords*. Paris: CNRS Éditions, 2012.
34. Ver Stéphane Hugon, *L'Étoffe de l'imaginaire*, Paris: Lussaud, 2011,

Essa *primum relationis* intensifica as situações vividas com os outros que, além da *virtude* insípida própria da moral transcendente, una e racional, demanda uma virtude um pouco pagã, misto de força imanente e de sentimento trágico da vida. Essa ética "deontológica" pode permitir compreender as múltiplas e reais revoltas contra a indiferença hipócrita da moral típica da economia de mercado. Insurreições das quais nada se tem a temer, pois elas são também causas e efeitos da transmutação de todos os valores da socialidade pós-moderna: imanência das formas antigas, continuidade da vida ativa. De qualquer modo, uma transcendência imanente!

---

e *Circumnavigations*, Paris: CNRS Éditions, 2010. Ver também Aurélien Fouillet, *L'Empire ludique: Comment le monde devient (enfin) un jeu*. Paris: François Bourin, 2014.

A PALAVRA AUTÊNTICA

Quão misterioso sois Vós, que em silêncio estais no mais alto dos céus, ó único e grande Deus, que, com uma infatigável Providência, espalhais uma cegueira sobre aqueles que têm desejos desregrados.

Santo Agostinho, Confissões

Graças à visão e à "mostração", o silêncio e o segredo, que caracterizam a abordagem apofática, culminam em um verdadeiro amor do Outro: a empatia amorosa! Enquanto os sistemas racionalistas, em sua paranoia, reduzem o Outro ao mesmo, plena de humildade, a *discretio* permite que esse Outro seja o que ele verdadeiramente é: misterioso, proteiforme, inalcançável. Um Ser matricial, fonte da verdadeira fecundidade.

Constatação verdadeira, pois, ao contrário dessa obsessão (convém reiterar isso) que reafirma a performatividade do modelo ocidental – separar, dicotomizar, "encerrar" em domínios estanques –, emerge de maneira cada vez mais frequente a consciência de que não se pode mais cortar as coisas em dois. O que Gilbert Durand[1] denomina o "princípio do

---

1. Gilbert Durand distingue duas formas de organização das imagens: o regime diurno e o noturno. Para o primeiro, o universo é dividido em opostos, cujas características são as separações, os cortes, as distinções; para o segundo os

corte" tem sido a característica essencial da modernidade, gerada pela "ética protestante", e que deu origem ao "espírito do capitalismo". É interessante observar, não sem uma pitada de malícia, que foi Ralph Waldo Emerson, um antigo pastor protestante, quem destacou: "Não se pode ter o interior sem o exterior, ou a luz sem a sombra"[2]. A vida nada mais é do que um fenômeno de eterna compensação.

O Evangelho de João cita uma metáfora, a da "túnica sem costura" (*Tunica inconsutilis*, João 19:23). A imagem que ela oferece pode ser entendida como o símbolo de um conhecimento holístico, o da Razão Sensível. O que na linguagem de São Tomás de Aquino significa que nada existe no intelecto que não tenha passado antes pelos sentidos. Além disso, ele considera que é a partir dessa conjunção que as palavras apropriadas, em sintonia com o Real, podem ser encontradas.

O uso popular, que é a regra do sentido das palavras, denomina sábios aqueles que se encarregam de colocar ordem nas coisas e de bem governá-las. Assim, dentre os atributos que os homens conferem aos sábios, declara Aristóteles, está a competência de colocar as coisas em ordem.[3]

---

opostos se religam e as conciliações, reconhecimentos, descidas interiores conformam a polifonia das imagens. Ver Gilbert Durand, *As estruturas antropológicas do imaginário*. Tradução de Helder Godinho. 4ª edição. São Paulo: WMF Martins Fontes, 2012. [N.Ts.]

2. R. W. Emerson, "Compensation", in *Sept Essais*. Bruxelles: Lacomblez, 1907, p. 65. Ver também G. Durand, *Science de l'homme et tradition*. Paris: Albin Michel, 1975. [*Ciência do homem e tradição: O novo espírito antropológico*. Tradução de Lucia Pereira de Souza. São Paulo: Triom, 2008.]

3. São Tomás de Aquino, *Suma contra os gentios*, Livro I, capítulo I.

A PALAVRA AUTÊNTICA

Sem cair na simplificação, é esse "uso popular", causa e efeito do senso comum, que nos obriga a retornar à simplicidade das coisas. Ou seja, além das rotinas intelectuais, ela nos obriga também a manter o pensamento consciente. O que implica, antes ou depois da análise que separa e corta, compreender, considerar todos os elementos de um Real no qual o espírito e o corpo permanecem em contínua interação ou reversibilidade. O senso comum vive e pensa assim. É esse igualmente o fundamento do misticismo e do gnosticismo que atribui ao segredo e ao silêncio um lugar não negligenciável. Fundamento que fomenta a língua falante subjacente à língua falada. Ou seja, a capacidade de encontrar aquém das palavras obsoletas, inúteis, vazias, esclerosadas, etc., uma palavra fundadora e autêntica. Simplicidade que se deve buscar na totalidade: a *Ganzheit* da mística renana.

Joseph de Maistre[4] não hesitou em fabricar uma palavra – coisalidade[5] – para designar, suponho eu, a raiz da palavra coisa (*Res*) humana[6]. Princípio gerador no qual o sensível e a alma se unem na mistura fecunda que era o pensamento da origem do caos. Antes mesmo que ele fosse especificamente denominado deidade. Como já indiquei

---

4. Joseph de Maistre (1763-1821). [N.Ts.]
5. Martin Heidegger (1889-1976) trouxe uma importante contribuição em seu ensaio "A Coisa". Para Heidegger, desde a filosofia clássica, o tema foi problematizado. Pensar a coisa, ele reitera, implica deixar a coisa vigorar e acontecer em sua coisificação. A coisa deixa perdurar a quadratura constituída pela terra, céu, mortalidade, imortalidade. Ver "A Coisa", in Martin Heidegger, *Ensaios e conferências*. Tradução de Emmanuel Carneiro Leão, Gilvan Fogel, Márcia Schuback. Petrópolis: Vozes. 2002, p. 143-164. [N.Ts.]
6. Ver J. de Maistre, "Éclaircissement sur les sacrifices", in *Soirées de Saint Pétersbourg*. Lyon: Pélagaud, 1850, p. 323.

anteriormente, havia algo de paranoico no pensamento dominante, era a nominação *a priori*. Essa paranoia deu origem à sensibilidade inquisitorial que não cessa de definir os heréticos e de condenar os místicos e os gnósticos de todos os tipos.

O conhecimento matutinal, ou *cognitio matutina*, dos profetas e dos fiéis, é ágil, puro, vivaz. Ele "nasce junto com" o mundo que descreve. Lembremos também que essa é uma das denominações da mãe virginal do Cristo: *Stela Matutina*. A estrela da manhã que desperta e simboliza o acordar. Nas litanias da Virgem Santíssima, essa denominação se soma à que a qualifica como *Janua Coeli*, a Porta do Céu, e *Domus Aurea*: aquela que ilumina e, assim, possibilita penetrar na beatitude eterna da Casa Dourada.

Sem muita audácia, poderíamos associar esse conhecimento matutinal à observação de Charles Maurras, quando ele se refere à "razão órfica" de Palas Atena, "que se faz homem todas as vezes que um homem faz uso da razão"[7]. Uma outra maneira de expressar a conjunção equilibrada da razão e dos sentidos, da beleza e da inteligência. O que implica "manter os dois lados da corrente": o *logos* e o *mythos*, o intelecto e o afeto. Juntos, o bom senso e a razão justa são um limite que evita dois obstáculos: a abstração racionalista e o entusiasmo impetuoso do iluminismo.

Esse delicado equilíbrio, sempre instável, essa "razão órfica", é encontrado na santidade revigorante de inúmeros místicos: ele é simultaneamente um sentido de

---

7. Ch. Maurras, *Anthinea*. Paris: Champion, 1923, p. 82.

organização e uma propensão não menos real ao êxtase. Esse comportamento foi identificado com frequência em Santa Teresa d'Ávila e, também, em Santa Catarina de Siena, que vivia radiante, quase sempre "fora de si". O que lhe permitiu sentir compaixão pelos outros e "permanecer na doce dileção" desse Outro, que é Deus.[8] Em ambos os casos, a consubstancialidade íntima com a deidade permitiu essa "irrupção de si" na concretude mais extrema que é a alteridade.

Nunca é demais repetir que nessa cadeia semântica, que vai do silêncio à autenticidade, passando pelo segredo do misticismo erudito e popular, o que está em jogo é uma *transcendência imanente* que, para retomar uma distinção medieval, opõe a teologia intelectual à teologia simbólica. Desenvolvida por São Boaventura, essa teologia simbólica é um pensamento da "forma", da "figura", da deidade que vai se apoiar muito mais no "livro do mundo" do que no livro das Escrituras Sagradas. O que é designado como um bom uso das coisas sensíveis (*ut recte utamur sensibilibus*)[9].

Esse é o símbolo *stricto sensu*, o que une e contém a totalidade do ser individual: o corpo e o espírito do mundo da vida, que por isso mesmo "exemplariza" a totalidade da deidade (*die Gottheit*), ou Ser transcendental. O silêncio permite descobrir os tesouros secretos e prodigiosos inerentes

---

8. J. Joergensen, *Sainte Catherine de Sienne*. Paris: Beauchesne, 1939, p. 285. [*Santa Catarina de Sena*. São Paulo: Cultor de Livros, 2015.] Ver também o sugestivo livro de Julia Kristeva, *Thérèse mon amour: Sainte Thérèse d'Avila*. Paris: Fayard, 2008.
9. Ver L. Solignac, *La théologie symbolique de Saint Bonaventure*. Paris: Parole et Silence, 2010, p. 15. E também G. Durand, *Science de l'homme et tradition*, op. cit.

a esse mundo. Para isso, porém, é necessário encontrar o *organon*[10] operatório: a ferramenta metodológica que permite acessar o pensamento autêntico. Mais especificamente, que permite reconhecer que a Escritura e os livros sagrados são apenas a cristalização das intuições que o misticismo, em suas diversas formas, captou instintivamente.

Uma visão holística como essa permite "demonstrar" que o ser humano é maior do que o ser humano. O fundamento de nossas relações com o universo, mesmo que ele seja proxêmico, é a busca do que Novalis[11] designava como o "eu transcendental", ao qual sua obra visionária nos deu acesso, bem como o reconhecimento de que existe algo divino em tudo, o *modus operandi* para a compreensão do Todo Divino. É esse o significado da bela expressão de São Paulo: "O que se pode conhecer de Deus é manifesto entre eles [pois Deus lhes revelou]" (Romanos 1:19).

Perspectiva um pouco alquímica que, analogicamente, une o baixo e o alto, mostrando que a gestualidade cotidiana, os olhares trocados, os pequenos acontecimentos da vida diária, enfim, o relacionismo que nos constitui é apenas o advento da eternidade. Cada instante é eterno. A visão mística consiste em fazer emergir a concatenação simbólica desses instantes. Ordem simbólica que enfatiza o vital, a intuição e a alma: alma individual ou alma do mundo.

Todos os pequenos acontecimentos que se convertem em adventos são simples emanações do Ser. Ao contrário

---
10. Nome tradicionalmente dado ao conjunto de obras sobre Lógica de autoria de Aristóteles. [N.Ts.]
11. Georg Philipp Friedrich von Hardenberg (1772-1801). [N.Ts.]

do clamor de orgulho mefistofélico[12]: *ich bin der Geist der stets verneint*, "eu sou o espírito que sempre nega", nos recônditos segredos do mundo e na prudência apofática, existe o reconhecimento do Ser como grande afirmação. Visão holística que desvela o Ser real no que pode parecer um abismo, o nada, mas que é efetivamente a matriz primordial. Coisa difícil de entender quando o anedótico, o frívolo, o circunstancial prevalecem. Tudo isso culmina no que Chesterton denominava a "idolatria do intermediário, que se efetiva ao preço do esquecimento do Supremo"[13].

Então, além da verbosidade ou da retórica sonora, características do que é "intermediário", a fecundidade do silêncio, por meio de seus procedimentos específicos, restaura a vida unitiva. O recolhimento de fato favorece o estado de contemplação e denuncia a mentira. Existe nele uma eficácia particular: "Cada gota de silêncio é a chance de um fruto maduro" (Paul Valéry). Assim como o clarão precede o trovão, a *discretio* meditativa é a garantia da ação apropriada.

Pelo mutismo benfazejo e pelo enraizamento no segredo misterioso, pode-se evitar o que o cardeal John Henry Newman denominava *unreal word*[14], ou, palavra irreal.

---

12. Edição brasileira: Johann Wolfgang von Goethe, *Fausto I e II. Uma tragédia* (edição bilíngue). Tradução de Jenny Klabin Segall; ilustrações de Eugène Delacroix; apresentação, comentários, notas de Marcus Vinicius Mazzari. Rio de Janeiro: Editora 34, 2017. [N.Ts.]
13. G. K. Chesterton, *La chose. Pourquoi je suis catholique*. Paris: Climat, 2015, p. 17. [*A coisa: Por que sou católico?* Tradução de Antônio Emílio Angueth de Araújo. Santa Isabel, São Paulo: Oratório, 2016.] Ver também G. K. Chesterton, *Saint Thomas du créateur* (1933). Paris: DMM, 2011.
14. Ver J. H. Newman, *Sermons paroissiaux*. Paris: Cerf, 2007, vol. V, n° 3 (1839), e L. Bouyer, *Newman*. Paris: Cerf, 1952, p. 228.

Palavras exageradas, forçadas, insinceras. Palavras desconectadas de qualquer experiência concreta. Palavras que, ao pretenderem aprisionar conceitualmente a realidade do sagrado, se esquecem de sua ambiguidade estrutural. Como constatou São Paulo: "Agora, portanto, enxergamos um reflexo obscuro, como num espelho" (I Coríntios 13:12).

Em sua prudência e discernimento, o pensamento autêntico reconhece, enfim, que o divino não pode ser limitado. Razão pela qual ele rejeita as ideias estacionárias. É um pensamento vivo que não força o Real, mas deixa o Ser existir. Ao reduzir as pretensões do verbal, esse pensamento valoriza o não verbal que se expressa nos rituais, cuja eficácia não cessamos de apreciar; isso precisamente pelo fato de que os rituais fazem passar da fenomenalidade, do que se mostra à visão, para a teofania da presença ausente.

O INEFÁVEL E O RITUAL

O significado é mais do que ele afirma.
Quintiliano, sobre a *Instituição Oratória*, VIII, III, 11

Não é difícil conhecer Deus contanto que seja proibido defini-Lo.
Joseph Joubert

O recurso à dimensão intangível do tangível é particularmente forte quando um ciclo está terminando. Esse é o caso atual, no que se convencionou chamar de "Crise", e significa simplesmente que um paradigma está em vias de extinção. A tomada de consciência dessa saturação não se efetiva facilmente. Há algumas décadas, Thierry Maulnier reiterava: "As línguas mudam repentinamente, o pânico reina na Bolsa, dirão alguns, quem ousa falar de espírito quando a falência nos ameaça?"[1].

A falência do materialismo reitera o fato de que a "crise" tem causas espirituais. Consequentemente, ela requer soluções espirituais. O ressurgimento e a expansão de uma religiosidade difusa é o testemunho mais nítido disso. Acontece o mesmo no que se refere ao ritual, ao sentimento de pertencimento, ao viver junto, etc. Expressões variadas

---
1. Th. Maulnier, *La crise est dans l'homme*. Paris: A. Redier Éditeur, 1932, p. 8.

(por vezes, "elementos de linguagem" daqueles que as empregam) para traduzir a importância do imaterial e a relativização do "todo econômico" que tem prevalecido até agora.

Ilustração desse desejo de uma ordem simbólica, o ritual consiste em passar da "memorialização verbal" à "memoração" não verbal. "Memoração" como lembrança de uma obra coletiva enraizada na sedimentação secular. Nos rituais, o corpo está presente (tangível), mas se eleva em direção ao espiritual (intangível). Esse materialismo místico ou corporeísmo espiritual constitui a essência das liturgias, sejam elas religiosas ou profanas.

Em um impressionante trecho de seu romance, *A Caminho*, publicado em 1895, Huysmans mostra a afinidade entre a composição sacra *Respostas das Trevas*, de Tomás Luís de Victoria (1548-1611)[2] e a tela *O Sepultamento do Cristo*, obra-prima de Quentin Metsys[3]. Sua analogia prossegue incluindo também as obras musicais *Regina Coeli*, de Orland de Lassus[4], e o *Miserere*, de Joaquin des Près[5]. Essa interação é característica da beleza litúrgica: ela mobiliza

---

2. Tomás Luís de Victoria, compositor sacro espanhol que dominou a música quinhentista. Sua produção inclui 21 missas e composições dedicadas à Semana Santa. Em 1584, entrou para o Convento das Descalças Reais, onde permaneceu até sua morte. [N.Ts.]
3. Quentin Metsys (1466-1530). Artista do Renascimento, fundador da Escola da Antuérpia. Suas obras são caracterizadas por fortes sentidos e sentimentos religiosos. [N.Ts.]
4. Orland de Lassus (1532-1594). Compositor franco-flamengo do último período do Renascimento. Considerado como um dos mais influentes músicos da Europa no final do século XVI. [N.Ts.]
5. Joaquin des Près (1450-1521). Figura central da escola franco-flamenga, considerado como o primeiro grande mestre da polifonia vocal dos primórdios do Renascimento. [N.Ts.]

todos os sentidos e favorece uma "coligação dos cérebros, uma fonte da alma"[6].

O intelecto não é negado nem negligenciado. Ele é completado pela audição, pelo olfato, pelo tato. Ele favorece o que a mística denomina o "toque divino"! Coisas que reforçam a totalidade do ser e reiteram que uma "alma completa" é constituída pela interação de todos os sentidos. Os êxtases dos místicos bem como as diversas pinturas que representam o paraíso testemunham essa concepção holística.

Os rituais não "dizem". Eles sussurram o inefável. Dessa forma, eles estruturam a comunidade. Em seu sentido etimológico mais próximo, os rituais constituem "uma ética da estética": o sentir comum funciona como um cimento que não pode ser mais consistente do que já é. O sentimento do belo estimula a vida em suas diversas formas: sensibilidade, inteligência, ação. Nessa perspectiva, o que prevalece é o improvável, uma verdade que o filósofo e poeta francês J.-M. Guyau expressa quando afirma que a verdadeira fé seria "não ter mais do que uma ínfima razão para crer, o mais frágil dos motivos"[7].

Nesse sentido, o ritual litúrgico seria a aplicação por excelência do procedimento apofático. Uma maneira de pensar o sagrado não como algo simplesmente exterior, transcendente, mais vivenciado de uma maneira imanen-

---
6. J. K. Huysmans, *En Route*. Paris: Plon, 1919, p. 12.
7. J-M. Guyau, *L'Irreligion de l'avenir*. Paris: Alcan, 1887, p. 109. [*A irreligião do futuro. Estudo sociológico*. Tradução de Regina Schöpke e Mauro Baladi. São Paulo: Martins Fontes, 2014.]

te. Uma transcendência imanente, causa e efeito de uma expansão do Eu, que torna o divino concreto. Em sentido estrito, o sagrado faz "crescer com" (*cum crescere*).

Para expressar o sagrado na vida cotidiana, esse "serviço do povo" (liturgia) é uma maneira de viver, no dia a dia, o que é substancial. Essa maneira de viver se enraíza na longa duração da memória imemorial da comunidade. A memória da tradição (*paradosis*), transmitida pelos antigos, instaura um inconsciente coletivo que, assim como os sonhos, expressa a ruminação lancinante de nossos pensamentos. Segundo o monge gaulês Vincent de Lérins[8], esse elemento constitutivo da beleza litúrgica, essa transmissão não dita é o *quod semper, quod ubique, quod ab omnibus*: "existe sempre, está em toda parte e é para todos"!

Como ela opera a partir de si mesma, sem muitos adjuvantes discursivos, a liturgia expressa essa *laus perennis*, louvor perpétuo, cuja repetição obstinada permite o despertar espiritual na vida cotidiana. Por essa razão, o ritual conduz a atenção difusa para um sacral encarnado. Uma prática que pode ser encontrada em todas as culturas, tanto em sua forma religiosa como em sua forma profana. Trata-se da "oração jaculatória", uma reza um pouco compulsiva ("meu Senhor e meu Deus"), uma espécie de efusão instintiva. Ocorre o mesmo no caso dos cânticos budistas, corânicos, gregorianos, que não demonstram, mas mostram a comunhão com o aspecto misterioso da deidade.

Estamos diante de efusões que expressam um sentimen-

---
8. Vincent de Lérins (?-450). [N.Ts.]

to complicado, que as pessoas mais simples compreendem facilmente. Utilizando uma imagem que Maurice Barrès oferece sobre os primeiros sons dessas canções de quatro versos, que são as "Malaguenhas" espanholas: "A natureza e nossa alma se reorganizam, florescem"[9]. Trata-se de uma compreensão direta. Uma compreensão que acessa o divino com todos os sentidos, deixando transparecer integralmente o que pensamos. As efusões litúrgicas também reiteram a integralidade do ser individual e do "Grande Ser". Para o ser individual, o papel do corpo é essencial, enquanto para o Grande Ser o que importa é a encarnação do divino. Em ambos os casos, estamos diante de um corporeísmo espiritual!

Nesse caso, o paradoxo é apenas aparente; tanto é verdade que os rituais, não importa quais sejam, ao mesclarem o corpo e o espírito, o materialismo e o místico, evocam a unicidade do ser, mesmo que ao longo da modernidade o princípio do corte tenha prevalecido. A tradição grega compreendeu isso muito bem: a palavra *nós*, espírito, origina-se de *noos*, o sentir!

Sob o impacto da racionalização do protestantismo, essa osmose progressivamente se perdeu. O serviço do povo (liturgia) deixou de ser dirigido a Deus, mas, de uma maneira autocentrada, voltou-se para o povo. Ao ser dirigido ao povo, *coram populo*, e, com isso, privilegiar a palavra, a unicidade concreta do corpo e da alma se perdeu, a abstração

---

9. M. Barrès, *Greco ou le secret de Tolède*. Paris: Émile-Paul Éditeur, 1912, p. 96. [*Greco ou o segredo de Toledo*. Tradução de Aníbal Fernandes. Portugal, Lisboa: Sistema Solar, 2014.]

racionalista prevaleceu, conduzindo gradativamente a uma desafeição profunda: uma falta de afeição em relação ao sagrado. Claro que se trata de uma heterotelia, a onipresença da palavra racional não conduz mais ao objetivo pretendido: aproximar-se de Deus, mas desviar-se Dele!

À semelhança do que foi denominado, apropriadamente, a Bíblia de Pedra, esculpida nos portais das catedrais, a palavra autêntica tem uma eloquência silenciosa. Ela não coloca a lancinante questão do "porquê" (*warum*), intrínseca à abstração moderna e, portanto, ao "desencantamento do mundo" que, como demonstrou Max Weber[10], tem estreita ligação com a Reforma Protestante. Ela se satisfaz com o "como". Ela não demonstra. Ela mostra. À iconoclastia, que é a constante moral de pureza nos reformadores de todas as tendências, ela contrapõe uma iconofilia, a do humanismo integral, que encontra sua fonte na fecunda complementaridade entre o intelecto e os sentidos.[11]

De fato, é em função desse empirismo, *Nihil est in intellectu quod non prius in sensu*, "Nada existe no intelecto que não tenha passado antes pelos sentidos", que se pode compreender o "realismo" tomista.[12] Esse empirismo justifica o culto dos santos como figuras emblemáticas que introduziram o sacral neste mundo. Ao proceder assim, ele reforça o corpo místico da comunidade (a Igreja) sem precisar mais da racionalização *a posteriori*, pois considera

---
10. M. Weber, *L'Ethique protestante et l'esprit du capitalisme*, op. cit.
11. Ver Fabio La Rocca, *La Ville dans tous ses états*. Paris: CNRS Éditions, 2013. [*A cidade em todas as suas formas*. Tradução de Adriana Assunção Ramos. Porto Alegre: Sulinas, 2018.]
12. Saint Thomas d'Aquin, *Questions disputées sur la vérité*, q. 2, a. 3, arg. 19.

suficiente esse etos instintivo, causa e efeito do "senso comum" (*koiné aesthesis*): todos os sensos, o senso de todos! É nesse sentido que a palavra não discursiva da liturgia epifaniza o sagrado, ou seja, atribui à ausência presente da deidade toda sua eficácia.

É claro que a palavra autêntica pode ser explicativa, pode desvendar (*ex-plicare*) o misterioso por meio da Razão. Isso, porém, só pode ser feito se ela compreender (*cum-prehendere*) todos os aspectos do ser individual, ele próprio imagem e semelhança de um Ser primordial. É por isso que as línguas sagradas são, antes de mais nada, evocadoras. Por seu aspecto lancinante, repetitivo, até mesmo encantatório, elas induzem a esse "estado de congregação" que, segundo Durkheim, constituía a própria base da vida religiosa.[13] O latim das missas tradicionais exercia exatamente essa função, a de anamnese de uma "catolicidade" essencial. Ou seja, de uma religação humana como *modus operandi* da ligação (*religare*) com Deus. Nesse sentido, o aspecto secreto da língua sagrada permite revelar e divulgar a magnificência da criação divina.

Ao longo de toda sua obra, o filósofo Romano Guardini evidencia isso ao afirmar que "na missa, a palavra é acima de tudo uma palavra de revelação [...] ela não se expressa na linguagem humana, seu sentido é totalmente interior e só é compreendida interiormente, ela é uma certeza silenciosa e de imediato convincente"[14].

---

13. E. Durkheim, *Les formes élémentaires de la vie religieuse*, op. cit.
14. R. Guardini, *La Messe*. Paris: Cerf, 1957, p. 84-85. Ver também *L'Esprit de la liturgie*. Paris: Plon, 1960; *Parole et Silence*, 2007.

Do interior ao exterior. Essa é a eficácia da abordagem tradicional em geral e dos rituais em particular. Os rituais só tornam visível a força invisível da unicidade (essa ligação pouco explícita) que une a quadratura dos mortais, do divino, da terra e do céu. Essa inteireza, esse eterno "mais do que um" que Heidegger sabiamente denomina *Geviert*, a quadratura, designa a interdependência dos elementos de uma criação que se incorporam na vida cotidiana. O que justamente permite a introdução no mundo desconhecido a partir do conhecido.

Por ser uma experiência real, o ritual litúrgico permite que as pessoas participem, de acordo com sua condição espiritual, da beatitude mística. Por meio do ritual elas são lançadas diretamente ao plano sobrenatural. Não existe dissertação ou teorização da união com a deidade, simplesmente um sentimento intuitivo de "participar" dela. Ou melhor, de *ser* o divino. O ritual torna evidente um surreal estabelecido pelo real, torna possível o que em essência é inacessível, ou seja, inaudito e inaudível. Essa condição de possibilidade da palavra reveladora ritualizada provém basicamente da tradição. O que assegura seu enraizamento dinâmico: *Quod semper, quod ubique...*

Retornemos mais uma vez ao realismo tomista:

> O costume, sobretudo aquele que está presente desde o início, tem a força da natureza. É por isso que as coisas impregnadas no espírito desde a infância são mantidas tão firmemente, com espontaneidade natural, como se fossem puras verdades.[15]

---
15. São Tomás de Aquino, *Suma contra os Gentios*. Livro I, capítulos 1-11.

Foi esse argumento que o Aquinate – conjunto de obras de São Tomás de Aquino – desenvolveu por intermédio de uma noção bem conhecida e frequentemente plagiada: a noção de *habitus*. Maneira de ser enraizada, uma conjunção de hábito, habituação e habitar. Todas essas coisas devem ser compreendidas em seu sentido profundo: o de uma significação sem objetivo. O que constitui a essência do ritual. Seu aspecto emocional é mais importante do que as possíveis teorizações subsequentes. J. K. Huysmans relembra que Santa Teresa d'Ávila ignorava o latim e não queria que suas seguidoras o aprendessem. O que não as impedia de entoar cânticos nessa língua. Mais importante do que entender o sentido das palavras que elas empregavam era expressar o desejo vivenciado por um amor essencialmente inefável.

De fato, no serviço do povo (liturgia), o conteúdo cede lugar ao continente. O objetivo das frases repetitivas, dos gestos e movimentos codificados, das diversas circum-ambulações e de outros cânticos pré-estabelecidos é vincular. Esse relacionismo é o que fortalece o estar junto. O eu se realiza em "nós". Ele permite passar de um si mesquinho, o do individualismo e do livre-arbítrio, para um Si muito mais vasto: o da comunidade e da divindade.

Em seu ensaio, *O oblata*, Huysmans admite que "a caraterística talismânica da liturgia" talvez seja a de sempre provocar "essa pequena emoção do esplendor divino" que faz "tremular" a alma.[16] Outra maneira de se referir às vibrações comuns que em certas épocas constituem o

---

16. J. K. Huysmans, *L'Oblat*. Paris: Stock, 1903, p. 112, 183 e 254.

cimento de todo laço social. Épocas nas quais diversas perturbações ocupam o lugar que se sabe. Era o que acontecia na cultura pré-moderna. A civilização moderna, caracterizada essencialmente pela excessiva racionalização, eliminou essa emoção. Essa cultura emocional reencontrou suas expressões de beleza na envolvente religiosidade que certos pensadores – incluo-me entre eles – denominam pós-modernidade.

Essa cultura completa o espírito pelos sentimentos, a razão pelos sentidos, o que induz a um compartilhamento sem linguagem discursiva. Esse compartilhamento baseia-se em uma comunicação não verbal cuja performatividade não é mais negada. Desse ponto de vista, não é paradoxal mensurar essa eficacidade tendo como referência os rituais estritamente religiosos nos quais o silêncio fala. Esses rituais podem ser considerados como o *criterium* a partir do qual a qualidade e a intensidade das trocas envolvidas podem ser mensuradas. Um paradoxo apenas aparente que, mesmo de maneira alusiva, evoca a célebre citação de Carl Schmitt em sua *Teologia política*: "Todos os conceitos pregnantes da teoria moderna [...] são conceitos teológicos secularizados"[17].

Certamente, esses conceitos são secularizados, mas isso não suprime o ambiente religioso que os envolve. Isso é válido para as esferas pública e privada. Além das grandes reuniões musicais, esportivas, políticas, sindicais,

---

[17]. C. Schmitt, *Théologie politique* (1922). Paris: Gallimard, 1988, p. 46. [*Teologia política*. Tradução de Elisete Antoniuk. Belo Horizonte: Del Rey, 2006.]

culturais, que os observadores frequentemente classificam como "grandes missas", em razão do caráter extático que as caracteriza, é interessante observar que a qualidade de uma relação amigável ou amorosa, até mesmo simplesmente mundana, é avaliada em função da intensidade emocional que ela pode ou não provocar. A capacidade de ter ou não ter *feeling* torna-se um importante requisito para a continuidade ou o fim de uma relação.

Pode-se esclarecer esse potencial religioso por uma bela passagem de *A nova Heloísa*, de Jean-Jacques Rousseau, na qual o trio constituído por Saint Preux, Julie e o Senhor de Wolmar comunga em um silêncio reconfortante a renovação de sua intimidade.

Duas horas se passaram entre nós nessa imobilidade de êxtase, mil vezes mais doce que o frio repouso dos deuses de Epicuro [...] em que coisas são ditas sem abrir a boca. Quantos ardentes sentimentos se comunicaram sem a glacial intermediação da palavra![18]

A carta prossegue descrevendo o "delicioso êxtase" decorrente da "contemplação recíproca dos três protagonistas".

Existente em todas as conexões misteriosas do estar junto – da sodalidade[19] antiga à socialidade pós-moderna –, essa reciprocidade constitui a essência do dogma da Santís-

---

18. J.-J. Rousseau, *Julie ou la Nouvelle Héloïse*, 5ª parte, carta III. Paris: Garnier, 1952, tomo II, p. 186. [*Júlia ou a nova Heloísa*. Tradução de Fúlvia Moretto. 2ª edição. São Paulo: Hucitec, 1994; Campinas: Unicamp, 2006.]
19. Em Missiologia, as sodalidades são estruturas organizadas em torno de alvos específicos e de um senso comum de missão. Exigem de seus membros vocação, compromisso e vivência da missão. [N.Ts.]

sima Trindade. Também conhecida como *circumincessio*, ou *perikhōrēsis*, em grego, ela designa a união consubstancial, em um movimento incessante de amor no qual o Pai cria o Filho no Espírito Santo. É a imanência natural da Trindade, cujo fundamento reside na conexão intrínseca dos modos intelectual e volitivo (afeto).[20]

Essa conexão das sequências ou reciprocidade das relações permite compreender analogicamente o relacionismo ou religação ontológica. De fato, essa religação não tem necessidade do palavreado racionalista para ser o que ela é. Muito pelo contrário, esse palavreado só pode levar a uma negação da comunhão e da efusão que constitui sua causa e efeito. Nesse sentido, o protestantismo é um bom exemplo, pois ele conduz ao unitarismo que reduz o Três ao Um. Isso implica na própria negação do mistério do Ser. Ao negligenciar o ritual, o modernismo conduz ao "desencantamento do mundo": secularização do "sacral" e da serialidade social!

---

20. Ver E. Durand, *La périchorèse des personnes divines*. Paris: Cerf, 2005, p. 16.

O MISTÉRIO COMUNITÁRIO

Domine Deus, in simplicitate cordis mei laetus obtuli universa: et populum tuum, qui repertus est, vidi cum ingenti gaudio.

(I Crônicas 29:17)

[Sei, ó meu Deus, que sondas o coração e que te agradas com a integridade. Tudo o que dei foi espontaneamente e com integridade de coração. E agora vi com alegria com quanta disposição o teu povo, que aqui está, tem contribuído.]

Esquecemo-nos dele com muita frequência, mas o mistério não é excludente. Muito pelo contrário, ele inclui. O *mysterium* é o que une os iniciados entre si. Isso acontece pelo compartilhamento de mitos comuns. Afinal, é isso que os "emudece" diante da experiência. É preciso afirmar e reafirmar que essa cadeia semântica merece reflexão: mistério, mito, emudecimento.

Implementada pelo modernismo racional, no qual tudo é submetido à razão, tudo deve ter suas razões, a imposição da palavra conduz à desmagificação, provocando consequências de alto custo social. A pergunta a ser feita é se o fanatismo sanguinário e as maldades, noticiados em abundância, não seriam a consequência lógica de uma denegação do sacral. Quando não se sabe gerir, ritualizar esse sacral, ele escolhe caminhos desviantes (*strictu sensu per via*) que, de fato, se tornam perversos.

A blasfêmia, expressão extrema do racionalismo que conduz inevitavelmente à desagregação do viver junto, é o vetor essencial de um *dissensus* social de consequências ainda inimagináveis. Falar tudo, falar demais, liberdade de expressão, livre examinismo, um excesso de lugares comuns e ideias convencionais que traduzem sobretudo a falta de ideias. A esse respeito, jamais deixarei de relembrar a roborativa observação de Nietzsche a respeito dos livres pensadores: "Nem livres, nem pensadores"![1]

Do ponto de vista metodológico, é instrutivo observar as caricaturas. Elas expressam de maneira exagerada o que é vivido ou dito de maneira simples na rotina filosófica. De modo semelhante, pode-se compreender que a racionalização própria da Reforma Protestante, em sua obsessão pelo "porquê" das coisas, na prevalência que concede à palavra explicativa, em sua iconoclastia teórica e prática, conduz a uma apologia encolerizada e exagerada da blasfêmia. Consequência natural do "desencantamento", a palavra imoderada tornou-se *obscena*: tudo deve estar *diante da cena*, nada pode ser escondido ou secreto.

Jamais será suficiente afirmar que o fantasma da transparência, o famoso "tudo está claro" da conversação co-

---

1. Essa afirmação de Nietzsche encontra-se em *Aurora: reflexões sobre os preconceitos morais* (1881). Tradução de Mário Ferreira Santos. Petrópolis: Vozes, 2008. [N.Ts.]

tidiana, resulta dessa atitude "diairética" e do princípio do corte que Gilbert Durand delimitou com precisão.[2] Empenhados demais em cortar, fatiar, analisar, separar, esquecemo-nos da *discretio* que, imemorialmente, permite o discernimento.

Essa discrição/discernimento é o fundamento da judiciosa distinção do direito canônico entre "foro interno" e "foro externo". Com consciência e interioridade podemos pensar o que quisermos. Resguardamo-nos, porém, de importunar os que nos rodeiam com nossas próprias convicções. A *fortiori* os círculos mais amplos de nossos contemporâneos conseguem apenas emitir opiniões capazes de me animar. Foi a partir da restrição de não impor nossas convicções que o ideal comunitário foi elaborado. Sabe-se por experiência prévia que nem sempre se deve dizer tudo, e que o segredo é um elemento essencial da harmonia societal.

Em seu sentido mais amplo, a lei do segredo, que se expressa melhor por meio dos rituais, completa a frágil estrutura da simples razão. Ao contrário da atitude "diairética", na qual a soberania da razão é decisiva, nos rituais o corpo e os sentidos solicitados (voz, odores...) constituem a conexão tátil que favorece uma espécie de plenitude. Talvez seja esse o "pleroma" mencionado pela teologia, que considera a deidade não como "um objeto exterior" separado, mas como algo que favorece uma encarnação, causa e efeito da transcendência imanente.

---

2. Ver G. Durand, *Science de l'homme et tradition*. Paris: Tête de Feuilles, 1975, capítulo IV, "Homo Latomus".

A relativização da palavra pelos sentidos por meio do serviço do povo (liturgia) permite essa totalidade (*Ganzheit*) tão cara à mística renana. Nas palavras de Angelus Silesius[3], essa completude faz da alma "a tenda itinerante de Deus"[4]. Uma completude que não explica nada, mas deixa intacto o mistério de Deus, bem como o mistério do homem e da comunidade na qual o homem se realiza plenamente. O compartilhamento do mistério é a mais certa garantia do viver junto comunitário. Enquanto o mistério permanecer intacto, o etos comunitário será sólido. Não se trata de um paradoxo inútil relembrar que, na contramão de uma moral marcada pelo sermão, elemento central da modernidade protestante, a ética está muito mais preocupada com o corpo. O imoralismo ético passa a estruturar, então, o corpo eclesial. Em oposição ao pensamento do jansenista Pascal, os jesuítas desenvolveram seu "molinismo"[5], taxado de laxismo, que consistia em atenuar de modo pragmático os rigores de um sistema legislativo puramente racional e, portanto, um pouco abstrato.

Essa totalidade do corporeísmo espiritual é o fundamento da abordagem mística. Ela pode ser identificada tanto na religiosidade comum, como na religiosidade so-

---

3. Angelus Silesius (1624-1677), pseudônimo de Johannes Scheffer. A princípio luterano, converteu-se ao catolicismo em 1653. Para Angelus Silesius, Deus é indefinível, ao mesmo tempo Tudo e Nada, Ser e Nada. [N.Ts.]
4. Angelus Silesius, *L'Errant chérubinique*. Traduction Roger Munier. Paris: Arfuyen, 1982, capítulo IV, p. 219.
5. Doutrina sobre a Divina Providência que leva o nome de Luís de Molina (1535-1600) e difunde a ideia de que Deus possui controle providencial sobre tudo o que acontece no mundo. [N.Ts.]

fisticada dos ascetas mais elevados. Em todos esses casos, em graus variados, mas com uma profunda homologia estrutural, estamos diante de uma forma de êxtase. Sair de si, e se extravasar nesse Outro que é a própria deidade.

Na noite de 1º de abril de 1376, em uma visão dessa manifestação, Catarina de Siena anunciou: "Meus gozos eram tão grandes e abundantes que nenhuma língua seria capaz de expressar o esplendor diante da doce Verdade primordial. (*Prima dolce verità*)... Que língua seria capaz de revelar esses segredos divinos?... Prefiro então guardar o silêncio"[6]. Foi durante esses êxtases que ela ditou os tratados cuja eficácia prática é bem conhecida. Mais uma vez, o clarão do espírito precede o estrondo da ação! Por acaso não foi essa a lição transmitida pelos grandes místicos, como São Bento, São Domingos, Santa Teresa d'Ávila, Santo Inácio de Loyola, cujas ruminações meditativas criaram as ordens monásticas que conhecemos?

A ação civilizatória da contemplação é uma constante cujos efeitos não podem ser ignorados. O êxito em qualquer área depende de uma inegável força do espírito. Em um momento em que o excesso de materialismo e de economicismo tende a predominar, fica bem difícil compreender a eficácia do poder imaterial. O que se convencionou chamar de crise, porém, é simplesmente a constatação de que a expansão do materialismo consecutiva ao racionalismo moderno está cedendo lugar a uma outra maneira de ser, mais qualitativa, na qual se atribui mais importância à

---

6. Citado em J. Joergensen, *Sainte Catherine de Sienne*. Paris: Beauchesne, 1939, p. 322.

riqueza da alma coletiva. Em virtude disso, os rituais sensíveis, o retorno da liturgia, fortalecem o que as sociedades primitivas denominavam "mana"[7]: uma coesão que se funda no espiritual.

Na origem da tradição católica, existe a efusão da graça, cujo momento inaugural é representado pelo Pentecostes. Essa efusão prolongada pode ser identificada nos êxtases da religiosidade contemporânea. Uma forma de respeito e até mesmo de celebração do caráter misterioso e inexplicável de um sacral que acreditávamos ter ultrapassado, mas que evidentemente retomou uma força e um vigor inegáveis. Tudo se passa como se a serialidade fosse a causa e o efeito do modernismo, mas é a efusão que consolida a fusão comunitária contemporânea.

Em seu *Apologia pro vita sua*[8], o Cardeal Newman afirma que é a efusão da graça que, depois de séculos de decadência e desordem, assegura o contínuo renascimento da Igreja. O fator essencial dessa longa duração é a segurança – que é preciso compreender em um sentido mais amplo – proporcionada por essa efusão. É ela que permite ser "sensível às dificuldades da religião", ou seja,

---

[7]. Nas culturas polinésias, tais como a dos trobriandeses, estudadas por Bronislaw Malinowski (1884-1942) em *Os argonautas do Pacífico ocidental*, de 1922, e, posteriormente, teorizadas por Marcel Mauss (1872-1950), em seu clássico *Ensaio sobre a dádiva*, a noção de mana representa a manifestação da força espiritual presente nos circuitos de troca de bens materiais e simbólicos de sociedades não capitalistas. [N.Ts.]

[8]. *Apologia pro vita sua* [Em defesa da própria vida] foi publicado pelo Cardeal Newman em 1864 como resposta a Charles Kingsley, padre da Igreja Anglicana. Nessa obra, Newman defende suas opiniões religiosas logo depois de deixar suas funções como vigário da Paróquia de St. Mary's, em Oxford, e se converter ao catolicismo. [N.Ts.]

às aporias dos mistérios, bem como compreender que não existe ligação entre o fato de identificar as dificuldades e pôr em dúvida a doutrina que cria essas dificuldades. "No meu entender, dez mil dificuldades não fazem uma dúvida; dificuldade e dúvida são incomensuráveis."[9] O que está em jogo no compartilhamento do mistério é, sobretudo, o consentimento que se dá ao Outro, fundamento da aceitação do outro (da alteridade do outro). Por mais paradoxal que isso possa parecer, o mistério é uma propedêutica para o viver junto. Em resumo, a religação pode assumir diversas formas, por vezes ela é discursiva, racional, outras vezes, ela é emocional e, por isso mesmo, capaz de redinamizar uma *ordo amoris*, ordem do amor ontológica que temos a propensão de esquecer.

Esse é o fundamento da mística silenciosa do monasticismo. O monge é solitário, mas não é isolado. O *monos* é só e se dirige unicamente a Deus, mas essa solidão que conduz ao Outro serve de cimento para uma religação fundamental: a da comunhão dos santos. Nesse sentido, o solitário é solidário. O que serve para enfatizar que, no final das contas, o saber adquirido tem pouca importância. Pode-se ignorar a primeira e a última palavra que designam as coisas essenciais e, no entanto, seguir instintivamente sua vivacidade natural. A experiência mística, em particular a do êxtase, se baseia nisso. De modo misterioso e subterrâneo, essas experiências fundam o corpo glorioso da assembleia comum: igreja, capela, conventículo e outras

---

9. J. H. Newman, *Apologia pro vita sua*: Genève: Ad Solem, 2008, p. 152 e 422.

comunidades nas quais, com base em um sentimento de pertencimento compartilhado, cada um pode se realizar plenamente, sem ter mais expectativas de que um dia existirá uma sociedade perfeita.

Esse era o projeto das diversas teorias da emancipação que pontuaram o modernismo e constituíram o mito progressista, cuja pregnância ainda é onipresente na sociedade oficial. Mas essa realização de si se realiza nesse Si mais vasto da alteridade em comum. Outro modo de expressar o ideal comunitário. Não se trata mais de se libertar do outro, mas sim de se acomodar a ele. Adaptar-se aos outros e conviver com eles é uma maneira de incorporar o divino: de viver no cotidiano o mistério da Santíssima Trindade!

Isso permite compreender a mutação em curso nas nossas sociedades, nas quais, na contramão do mito progressista fundado na descoberta das coisas que não existem mais, se redescobre a importância de uma abordagem "progressiva", cuja espiral é a metáfora fundada no desenvolvimento do que existe, sempre existiu e se renova a cada dia. A invenção (*in venire*) consiste em fazer emergir os arquétipos de raízes profundas. Um enraizamento dinâmico que permite compreender simultaneamente a revivescência da comunidade e da religiosidade, causa e efeito de tal enraizamento.

O que foi ainda é. Essa asserção permite relativizar a paranoia do *cogito*, que, ao pretender dominar a natureza de qualquer modo, transformou a ordem natural em desordem desenfreada. Um caos que os últimos dos humanos observarão com arrogância e satisfação. Em oposição a esse caos, que se satisfaz consigo mesmo, podemos sugerir o que Fernand Braudel denominava a imobilidade da história, ou o que não muda a não ser na "longa duração". Gilbert Durand faz uma análise dessa permanência da tradição quando cita Jacob Boehme, o fazedor de sapatos de Gorlitz, em seu ensaio *A fé do sapateiro*[10].

Essa fé um pouco mágica é o fundamento de uma religação misteriosa entre os seres que transcende o simples (talvez simplista) confinamento na fortaleza individual. Estamos compreendendo de múltiplas maneiras que o enraizamento na tradição é uma recarga de energia criativa. A importância do terreno, do território, do *genius loci*, é testemunha disso. Contrariamente à fragmentação modernista, consequência lógica de um subjetivismo exacerbado, a busca das raízes ressalta a importância do que coloca em relação, do que favorece a religação.

Não foi exatamente isso o que Auguste Comte demonstrou com a metáfora do "Grande Ser", ou Heidegger, por meio da noção de *Geviert*, a quadratura? Unicidade da terra e do céu, do divino e do mortal. Interação dos que vivem agora e dos que já se foram. Reversibilidade de todas as coisas em uma unicidade sacral.

O que implica reconhecer que o crescimento é a única evidência da vida. Esse crescimento, porém, não assegura uma direção certa, a do linearismo, característica do mito do Progresso. O caráter imemorial da humanidade é

---

10. G. Durand, *La Foi du cordonnier* (1984), Paris: Denoël, 2014, p. 220.

constituído pela lenta sedimentação de eras passadas que servem de fundamento para as eras futuras. Como sedimentação da experiência coletiva, a tradição também é um fundamento, um recurso precioso do qual não deixamos de sorver a fim de dinamizar a criatividade do dia a dia.

O enraizamento na tradição possibilita compreender a comunhão das almas, outra maneira de se referir à memória coletiva como uma sólida concatenação que, como um fio condutor oculto no meio do cordame, garante a solidez ou a degradação do laço social. Trata-se de uma ordem simbólica que cristaliza o divino e, assim, assegura a continuidade da espécie. Tanto na literatura como no pensamento religioso, podem ser encontrados múltiplos exemplos da união misteriosa que assegura o etos (que em seu sentido etimológico significa "cimento") fundamental, causa e efeito de todo viver junto. O divino social é isso!

Em seu poema "Correspondências" (1857), Charles Baudelaire relembra as relações secretas, nem por isso menos reais, que existem entre o material e o espiritual.

A natureza é um templo onde vivos pilares
deixam filtrar não raro insólitos enredos
O homem o cruza em meio a um bosque de segredos
que ali o espreitam com seus olhos familiares.[11]

Nada de muito racional, mas essas relações secretas asseguram a "sinestesia", esse sentir, ou esse vibrar comum

---

11. Charles Baudelaire (1821-1867). "Correspondências", em *As flores do Mal*. Tradução e notas de Ivan Junqueira. Rio de Janeiro: Nova Fronteira, 1985. (Para ampliar o argumento, a primeira estrofe do poema foi integralmente traduzida.) [N.Ts.]

que permite a forte reversibilidade existente entre as percepções e as ideias. Interação que "celebra os êxtases do espírito e dos sentidos". Soberba perspectiva simbolista que mostra de que maneira a analogia é uma eficaz alavanca metodológica para pensar a correspondência do holismo mundano e divino.

Segundo a expressão poética de Baudelaire, essa perspectiva analógica que passa mais por "insólitos enredos" do que por uma discursividade racional, está muito presente na teologia liberal[12]. Essa teologia enfatiza uma interpretação filantrópica (que é preciso entender aqui em seu sentido mais amplo) da mensagem bíblica, e desenvolve a noção de "equivalência moral" que conduz a uma luta contra as condutas racistas e a um engajamento em prol de uma ação social que leva a sério, como fazia a Igreja primitiva, o papel do "relacionismo" no *religare* do viver junto cristão. O bem-estar terrestre permite aceder ao melhor-estar celeste, pois a encarnação do divino na vida cotidiana se efetiva essencialmente por meio da preocupação com o outro e graças a ela.

Essa relação entre o cotidiano e o sagrado por meio da religação religiosa é mencionada alusivamente no Pai-Nosso, na correlação estabelecida entre o "pão cotidiano" – *Panem nostrum quotidianum da nobis hodie* [O pão nosso de cada dia dai-nos hoje] e, na interpretação de São Jerônimo na Vulgata, "o pão substancial" – *Panem nostrum super substantialem da nobis hodie* [O pão supersubstancial de

---

12. A esse respeito, ver o teólogo liberal E. Metaxas, em *Bonhoeffer – Pasteur, Martyr, Prophète, Espion*. Paris: Éditions Première Partie, 2014, p. 416.

cada dia dai-nos hoje]. Cotidiano e substancial, essa dialogia ilustra bem a encarnação do divino assegurando as bases do ideal comunitário de qualquer assembleia religiosa. O que a teologia católica formalizou na fecunda doutrina da "comunhão dos santos".

Expressões como a "correspondência" baudelairiana, a "equivalência moral", na filantropia liberal, e a "comunhão dos santos", na tradição católica, poderiam ser facilmente encontradas nas diversas sensibilidades religiosas para enfatizar a importância da comunidade espiritual. Uma comunidade que, mesmo sendo virtual, não deixa de ser real. A relação é vivida *in absentia*. Nem por isso ela é menos sólida. Ela garante a íntima relação entre o profano e o sagrado, fundamento de qualquer civilização digna desse nome.

Essa imanência da transcendência expressa-se em maior grau na misteriosa doutrina da substituição, que nada mais é do que um suplemento místico no qual, sem muita discursividade, se vivencia o sentimento de pertencimento àquilo que nos transcende: seja a deidade ou o divino social. Suplemento místico muito mais vivenciado do que teorizado. Das coisas essenciais só se pode falar em termos velados, que mais ocultam do que revelam. Uma quintessência que pode assumir diversos nomes: o "Eu transcendental", para Edmund Husserl; o "Ser", para Martin Heidegger; o "Self", de C. G. Jung. Ou ainda, para Augusto Comte, a "Trindade": o "Grande meio, o Grande Ser, o Grande fetiche". Modos de dizer graças aos quais esses pensadores tentaram, por vezes talvez de maneira irreverente, expressar o inexprimível: a superação do indivíduo que se transforma em uma entidade muito mais vasta. Surge então a necessidade das compensações, nas quais, de certo modo, ocorre a substituição do inocente pelo culpado. Os sacrifícios silenciosos dos diversos monasticismos (ocidental, oriental, extremo-oriental etc.] inscrevem-se nessa lógica. Um exemplo dentre muitos outros pode ser encontrado em alguns romances ou narrativas de J. K. Huysmans: em *A caminho*, ou em *Santa Liduína*, ele trata dos mecanismos dessa lei de substituição baseada na transferência das tentações e de outros sofrimentos. Huysmans faz belas descrições desses processos, apresentando as religiosas como vítimas expiatórias. "Para-raios da sociedade", elas atraem o fluido demoníaco e, assim, "aplacam a cólera do Altíssimo". O sofrimento silencioso de uma vida purgativa conduz, enfim, à vida iluminativa.[13] Esse itinerário da alma em direção a Deus, específico de algumas pessoas excepcionais – os santos –, se dissemina misteriosamente no conjunto da comunidade. O que faz do estado místico uma obra coletiva que, segundo o autor, se efetiva por meio da "transferência".[14] De modo gradual, pelo mistério da substituição, os atos da vida cotidiana conduzem inevitavelmente a essas moradas místicas, depositárias de todos

---

13. J. K. Huysmans, *En route*. Paris: Plon, 1918, p. 60 e 324.
14. J. K. Huysmans, *Sainte Lydwine de Schiedam*. Paris: Stock, 1901, p. 192. [*Santa Liduína de Schiedam*. Tradução de Daniel Mendes. Salvador, Bahia, publicação independente, 2018.]

os mitos, fantasmas e de todos os desejos imemoriais da humanidade que se referem ao paraíso ou à terra sem mal.

O sacrifício, por exemplo, seja sob a forma da castidade consagrada seja da continência, também tem uma função apotropaica[15]: faz as influências maléficas desaparecerem. Ele faz recordar que apenas o que é determinado é sofrimento e que o espírito é infinito prazer. O sacrifício é de todo individual, mas se "transfere" à comunidade como um todo. É exatamente o que o serviço do povo (liturgia) faz por meio dos rituais ao celebrar todos os santos: mártires, virgens, confessores e outros heróis de Deus, cujos atos e pensamentos justificam e consolidam o estar junto.

Esses santos são "figuras emblemáticas" necessárias a todas as sociedades que, impregnadas pelos sentimentos da beleza e do mistério da vida, tentam vivê-lo de uma maneira paroxística, sabendo de antemão que isso não deixa de repercutir, por círculos concêntricos, na comunidade que comunga desse mesmo sentimento. Corpo místico que se baseia na intensa solidariedade que existe entre todos aqueles que compartilham da mesma crença. A lição essencial dada pelos santos é reconhecer que se prender às coisas que morrem é uma diminuição do ser. A abordagem mística, por sua vez, permite um mais-ser que conduz ao Ser.

---

15. Presentes nos contos de fadas, fábulas, mitologias, sonhos, os símbolos apotropaicos se incumbem de remover ou manter à distância uma ideia que o contexto parecia aparentemente sugerir. Na filosofia, Nietzsche argumentou que o senso de modéstia existe onde há um mistério, e a função apotropaica da modéstia consistiria em afastar o referido objeto. Na psicanálise, de modo geral, esses símbolos se referem aos mecanismos de fuga de supostos perigos e à remoção de eventos traumáticos que o processo analítico se incumbe de desvendar. [N.Ts.]

Na perspectiva tradicional, a noção de sacrifício implica o reconhecimento de que, para além do indivíduo, o que prevalece é a comunidade. Que além do racionalismo argumentativo, causa e efeito do individualismo epistemológico próprio do modernismo, o que predomina é um pensamento que, em sua quintessência, é o conhecimento comum, saber coletivo no qual a razão, o sentimento, os afetos, a intuição desempenham seu papel integral. Conhecimento tradicional que se acomoda comunitariamente ao que já existe. Ele já sabe de longa data que *quid facit Providentia bene est*. É isso que a sabedoria popular repete quando afirma que "há males que vêm para bem".

Isso significa que existe uma compensação, uma complementaridade entre felicidade e infelicidade. A infelicidade quase sempre permite alcançar um mais-ser. Na palavra de Heráclito, que Baudelaire soube poetizar, sempre existe uma *enantiadromia*, um movimento em sentido contrário que permite remontar à essência de tudo: ao Ser. Um exemplo disso é a dedicação inscrita no frontão da Igreja de Santa Maria da Paixão, em Milão: *Amori et Dolori sacrum*, consagrado ao Amor e à Dor[16]. O que expressa de modo admirável essa mescla de ternura e crueldade característica da busca iniciática, intrínseca a qualquer existência digna desse nome. Provações, morte simbólica, que a solidariedade comunitária torna suportáveis.

Essa busca de uma elevação espiritual se conduz nos limites entre o racionalismo esclerosado e esclerosante do

---

16. Ver M. Barrès, *Amori et Dolori sacrum*: *La Mort de Venise*. Paris: Félix Juven, 1912.

pensamento abstrato e o entusiasmo delirante dos iluminados. Desconfiar da abstração e da quimera implica seguir a abordagem de uma razão hermética, a *ratio hermetica*, baseada numa ambiguidade paradigmática cuja expressão final é o mistério. Ao rejeitar essa ambiguidade, o "princípio do corte"[17] foi obrigado a supervalorizar a argumentação, a hipostasiar a palavra, culminando, enfim, na blasfêmia, que não passa de uma forma de orgulho que sempre ameaça a vida em sociedade.

Por mais paradoxal que isso possa parecer, o desbridamento de uma palavra inútil conduz à blasfêmia – esse não respeito da complexidade misteriosa da vida. Não respeito do Outro, que leva ao não respeito do outro. Nesse sentido, o fanatismo ateu não fica nada a dever ao fanatismo religioso. Eles são do mesmo gênero! Enquanto Voltaire zombava da representação dos anjos, que ele chamava de "santos gordos", com uma lucidez roborativa Joseph de Maistre reiterava: "Nos jardins da inteligência, não existe uma única flor na qual essa lagarta não tenha defecado"[18]. A frase certamente é grosseira, mas expressa muito bem a coragem da qual seu autor se gabava. Coragem, dizia ele, é um atalho do "coração" e da "raiva".

Nessa afirmação, o coração e a raiva aliam-se em defesa da majestade de uma potência sobre-humana que não pode ser reduzida ao egotismo da especulação racionalista. De fato, um traço específico da especulação racionalista é

---

17. Ver G. Durand, *Science de l'homme et tradition*. Paris: Tête de Feuille, 1975; Albin Michel Éditions, 1996.
18. J. de Maistre, "Éclaircissement sur les sacrifices", in *Soirées de Saint Pétersbourg*. Lyon: Pélagaud, 1850, tomo II, p. 333.

negar os efeitos visíveis da graça invisível. Quando isso não é mais possível, essa denegação se reverte em um escárnio ainda mais peremptório, pois tem a certeza de estar em seu pleno direito. A boa consciência obriga!

Nunca é demais reiterar que a blasfêmia não passa de uma forma paradigmática e caricatural de livre examinismo. Reduzir a deidade a uma entidade espiritual imprecisa, sem contornos, ao negar a força ambivalente dos contrários, da qual a Santíssima Trindade é a ilustração perfeita, o unitarismo conduz à rejeição do extraordinário mistério que é o Outro. A lógica dessa rejeição é culminar na apologia da blasfêmia como expressão natural de um fanatismo predominantemente racionalista.

De fato, quando a ânsia pelo conhecimento, a *libido sciendi*, não é temperada pelo coração, ela conduz à desordem. O que caracteriza este tempo de insegurança, esta época cética na qual a presunção e o excesso de vaidade tendem a predominar. Em um momento no qual a tendência é se comprazer com a retórica sonora das ideias banais, as palavras irrefreáveis se afastam desse fenômeno repleto de mistérios que é a existência natural e sobrenatural. Estamos distantes da Palavra regeneradora, do Verbo eterno que, em seu silêncio, é fecundante.

A blasfêmia é filha natural do livre examinismo, produto da Reforma Protestante e do modernismo que se originou dela. A abordagem apofática se posiciona exatamente contra ela; por meio da *discretio*, ela vai usar o poder das palavras com prudência, alertando, no caso da blasfêmia, para a tentação constante que é a húbris humana. Ao "poder" das palavras, a *discretio* opõe a potência de uma Palavra que se harmoniza com o numinoso mistério da Alteridade. O racionalismo, por sua vez, permanece obnubilado pelo que o poeta Paul Claudel designava como a "marulhada das segundas causas"[19]. Em contrapartida, a *discretio* plena chama a atenção para a racionalidade emocional. A Razão Sensível é intrinsecamente respeitosa com o divino, com tudo o que o expressa, e com seus representantes. Razão Sensível que ao ritualizar o sacral permite evitar seus efeitos perversos. Única maneira de neutralizar a serpente que, como se sabe, tende a se autodestruir. Figura arquetípica do Uroboros: a serpente que morde a própria cauda!

Graissessac e Paris,
31 de maio, Festa da Santíssima Trindade

---

19. Expressão de Paul Claudel (1863-1955) que serve de ilustração e crítica a múltiplas interpretações que descartam o papel das emoções, ou da racionalidade emocional, nos processos cognitivos. No mundo complexo das organizações, refere-se a algo que impede discernir a causa principal e a causa eficiente e, portanto, deve ser escondido, recalcado, ou simplesmente deixado de lado. [N.Ts.]

Texto composto na fonte Sabon.
Impresso em papel Pólen Soft 80gr na Assahí Gráfica.